DUMONT

Allein schon dieses Wort: Hobby. Wie niedlich – wie altmodisch! Als die Läden noch um 18.30 Uhr schlossen, wurde dem »Steckenpferd« in jedem Keller ein Raum freigehalten. Inzwischen kann man bis Mitternacht einkaufen, und wer Zeit für ein Hobby hat, kann beruflich nicht ausgelastet sein. Unser Leistungsdenken kennt keinen Feierabend. Selbst der Gang ins Fitnessstudio dient dazu, am nächsten Tag mit gestärkter Rückenmuskulatur am Schreibtisch zu sitzen. Doch langsam vollzieht sich ein Umdenken: Immer mehr Menschen haben die Nase voll von der Entgrenzung der Arbeitswelt. Arbeit ist das halbe Leben – aber bitte nicht mehr! Was machen wir mit dem Rest?, fragt sich der (noch) hobbylose David Denk. Er geht auf die Suche und probiert 26 Hobbys aus, von A wie Autogrammjagd bis Z wie Zumba. Hobby ist ein schönes Wort, wir sollten es retten!

David Denk, geboren 1981 in Düsseldorf, studierte Journalistik und Theaterwissenschaft in Leipzig. Ab 2008 war er bei der taz verantwortlich für die Medienseite »Flimmern & Rauschen«, 2011 wurde er Leiter des Gesellschaftsressorts »tazzwei/Medien«. Seit 2014 ist David Denk Mitglied der Medienredaktion der Süddeutschen Zeitung. Er lebt in München und Berlin.

David Denk

DER HOBBYIST

Auf der Suche nach der verlorenen Freizeit

DUMONT

FSC
www.fsc.org
MIX
Papier aus verantwortungsvollen Quellen
FSC® C083411

Originalausgabe
August 2014
DuMont Buchverlag, Köln

Umschlag: Lübbeke Naumann Thoben, Köln
Umschlagabbildungen: Dackel: © insima – Fotalia.com
Jongleur: © Eleanora – Fotolia.com
Satz: Fagott, Ffm
Gesetzt aus der Aldus und der Univers
Druck und Verarbeitung: CPI books GmbH, Leck
Gedruckt auf säurefreiem und chlorfrei gebleichtem Papier
Printed in Germany
ISBN 978-3-8321-6265-8

www.dumont-buchverlag.de

Jeder Mensch braucht ein Hobby.
James Bond in »Skyfall«

Vorwort

Unter uns: Eigentlich bin ich ziemlich träge. Nicht faul – träge! Entsetzlich träge manchmal. Wir kennen uns kaum, aber das musste gleich mal raus. Dieses Buch ist also zunächst mal ein Tritt in meinen eigenen Hintern: Mach was! Steh auf! Geh raus! Such dir ein Hobby – aber nicht etwa halb im Scherz, wie man es zu Leuten sagt, die sich nicht entspannen können, sondern ganz und gar im Ernst.

Ja, mit diesem Buch mache ich, David Denk, 32, ernst. Das klingt so ungemütlich, wie meine Suche wohl mitunter werden wird. Aber das Ziel könnte verlockender kaum sein: »Du brauchst ein Fahrzeug, was zu dir passt«, sagt der Ruhrpottproll Kalle Grabowski (Ralf Richter) in der Komödie »Bang Boom Bang«, einem meiner Lieblingsfilme, »ein Baby, zum Liebhaben.« Ich sage das über Hobbys. Irgendwo da draußen muss es sein, mein Baby. Und ich werde es finden.

Welcher Beruf passt zu mir? Welche Beziehung? Welche Farbe? Individualistisch wie unsere Gesellschaft ist, stellen wir uns diese oder ähnliche Fragen andauernd. Unsere Freizeit verbringen wir trotzdem wie die anderen, gehen Bier trinken mit Freunden, ins Kino oder ins Fitnessstudio, der neben Fernsehen wohl einfallslosesten Art und Weise, den Feierabend zu verbringen.

Was alle machen, kann so falsch nicht sein. Nichts gegen einen straffen Hintern und einen kräftigen Rücken, aber es ist schon ein Jammer, wie wenig Eigenständigkeit wir uns bei der Freizeitgestaltung zugestehen. Wo bleibt jener viel zitierte Individualismus, das Ich, das unser Denken sonst angeblich beherrscht?

Ich hatte mal Hobbys. Schwimmen, Handball, Tennis, Hockey – viele Sportarten habe ich ausprobiert, außerdem habe ich Gitarre gespielt und Theater, war in der Schülervertretung und in der evangelischen Jugendarbeit aktiv. Geblieben ist wenig, als das Studium und später der Beruf sich in meinem Leben breitmachten; zurückgekommen ist die Sehnsucht danach, als mit den Jahren und ersten Rückschlägen, Enttäuschungen und Verletzungen im Job ein Bedürfnis nach Abgrenzung entstanden und allmählich gewachsen ist.

Es geht um nicht weniger als die Macht über mein Leben: Habe ich einen Job, oder hat der Job mich? Ich möchte nicht, dass der Job mich hat. Das wäre mehr, als er verdient. Und weniger, als ich meinem Leben schuldig bin. Ich will ein motivierter Arbeitnehmer sein, ein engagierter, aber bitte bloß kein höriger.

Mein Arbeitsethos habe ich wohl geerbt. Auch meine Mutter hat kein Hobby. Wenn ich sie frage, wie es ihr geht, erzählt sie mir, wie es beruflich gerade läuft. Sie kann das eine schwer vom anderen trennen. Natürlich gibt es auch noch ihren Freund und ihre Kinder, aber ganz wesentlich identifiziert sie sich eben mit ihrem Job, der ihr nicht zugeflogen ist, sondern den sie sich hart erarbeitet hat. Dass sie sich dafür mehr Anerkennung wünscht, von Kollegen und Vorgesetzten, aber auch von uns, ihrer Familie, die manchmal ein bisschen ungerecht auf ihre

Nachtschichten reagierte, kann ich gut verstehen. Ich bin da wie sie. Immer auf der Jagd nach Anerkennung, die ich nicht bekommen werde – zumindest nicht dort, wo ich danach suche.

Dieses Gefühl beschreibt auch die Philosophin Svenja Flaßpöhler in ihrem sehr lesenswerten Buch »Wir Genussarbeiter. Über Freiheit und Zwang in der Leistungsgesellschaft«. Meine Mutter und ich sind also offenbar nicht allein. Die Gruppe der Genussarbeiter ist es auch, an die sich mein Buch insbesondere richtet: Menschen, die gern arbeiten, sich mit dem Genuss außerhalb des Jobs aber schwertun, die das Gefühl kennen, vor ihrem Gewissen rechtfertigen zu müssen, wann sie Feierabend machen. Insgeheim beneiden sie Menschen mit regelmäßigen privaten Ritualen, die untrennbar zu ihrem Leben gehören wie früher der sonntägliche Kirchgang, Menschen, die sich Zeit nehmen, um ihre Konsequenz: »Der Ritualmensch versteht es, sich jeden Tag sein ganz privates Abendmahl zu bereiten«, schreibt Flaßpöhler. Der Genussarbeiter vermisse genau solche Situationen, »in denen er sich fallen lassen und trotzdem gehalten fühlen darf«.

Nein, dies ist beileibe kein wehleidiges Buch, sondern eines, das versucht, Antworten auf eine Frage unserer spätmodernen Zeit zu finden, der nach der – unschönes Wort, aber wichtiger Gedanke – Work-Life-Balance: Wie schaffen wir es, unser Leben so einzurichten, dass es nicht von der Arbeit dominiert wird, dass auch die Freizeit zu ihrem Recht kommt?

Aber noch mal kurz zurück zur Erziehung: Mein Bruder und ich wurden sehr leistungsorientiert erzogen. Auch unsere Hobbys verstanden wir in erster Linie als Aufgabe. Lob mussten wir uns hart erarbeiten. Fast schien es, als wäre Mama uns gegenüber strenger, als es ihr eigentlich lieb war. Sie wollte weder so kühl sein wie ihre Eltern, aber auch nicht wie viele Mütter in ihrem Bekanntenkreis, besoffen von der Großartigkeit ihrer Brut. Sie war zwar immer – na gut: meistens – unser Fan, schrie das allerdings nicht in die Welt hinaus. Was mir heute sympathisch ist, ich mir damals aber manches Mal anders gewünscht hätte.

Urlaub gab es bei uns selten länger als zwei Wochen am Stück. Das Bedürfnis, sich zu erholen, war kein Thema, Wochenendarbeit immer selbstverständlich. Mein Opa hatte ein kleines Unternehmen. Nach Stechuhr arbeiteten nur seine Angestellten. Das prägt. Lange habe auch ich die Stunden nicht gezählt. Zu Beginn meiner Arbeit als Journalist folgte eine Geschichte auf die nächste, ich gönnte mir kaum eine Pause, wollte unbedingt einen Fuß in die Tür bekommen. Das hat geklappt, ich wurde fest angestellt – und rackerte weiter. Aus Liebe zu meinen Geschichten. Aus Pflichtbewusstsein. Weil ich zum Ehrgeiz erzogen worden bin.

Meine Mutter freut sich, dass ich dieses Buch schreibe, hätte sich aber wohl ein anderes Thema gewünscht, eines, mit dem sie mehr anzufangen weiß. Beim Thema Hobby denkt sie an überforderte Hausfrauen, die irgendwann beschließen, auch mal was für sich tun zu müssen, und dann mit Seidenmalerei oder Yoga anfangen. Meine Mutter, die promoviert hat, als mein Bruder drei war, hat so was nie gesagt, solche Frauen eher belächelt. Woher ich das weiß? Schon vergessen? Ich bin wie sie. Auf der Suche nach einem Hobby für mich muss ich also neben meinem inneren Schweinehund auch meinen anerzogenen Widerwillen gegen lauwarmes Wellnessgeschwafel überwinden, mit dem meine Sehnsucht kollidiert.

Wir haben das Glück, in einem Land und einer Zeit ohne größere Not zu leben – ein Privileg, das wir auskosten sollten: Wir können es uns leisten, Dinge um ihrer selbst willen zu tun, individuellen Leidenschaften zu frönen. Außer Zerstreuung, Spaß und Erholung müssen sie nichts einbringen. Ernährt werden wir von einem Job, der uns – zumindest theoretisch – genug Zeit dafür lässt. Funktionieren müssen wir dabei nicht, das Streben nach Perfektion hat Pause. Oder zumindest der Zwang dazu. Das Hobby bietet einen geschützten Raum, in dem auch Scheitern okay ist, nicht sanktioniert wird. Auch dazu will dieses Buch ermuntern: mehr Dilettantismus zu wagen.

Damit sollte wohl klar geworden sein, warum eingangs so viel von »Ernst« die Rede war. Dieses Buch soll Spaß machen, aber es ist kein Witz, es hat ein ernsthaftes Anliegen: das Hobby zu retten, indem wir den Staub vom Wort abklopfen, es wieder mit Leben füllen und mit Leidenschaft. Klar gibt es Wichtigeres als Hobbys – aber eben nicht, während wir es ausüben. Dann ist es der Mittelpunkt unserer Welt. Der Alltag muss draußen bleiben, er hat uns schon früh genug wieder. Wer einen Gegenpol hat, kann den Herausforderungen und Zumutungen des (Arbeits-)Lebens gelassener begegnen: das Hobby als Sabbatical für zwischendurch, als eine Art Burnout-Prophylaxe. Dazu möchte dieses Buch anregen.

Gerswalde, im Januar 2014

Miriams Garten oder:

Wie alles begann

Die Party geht schon nachmittags los, wegen der ganzen Babys. Die Gespräche der Erwachsenen, Akademiker um die 30, kreisen um Kitaplätze, bevorzugte Wohnlagen und den Job: Warum machen wir, was wir tun, und wie geht es uns damit? Offenbar sind wir in dem Alter angelangt, in dem wir zum ersten Mal auch zurückgucken und nicht immer nur nach vorn. Ich unterhalte mich mit Gregor, der bei einer Unternehmensberatung arbeitet, »aber als Researcher«, wie er betont. Er will keiner von den Bösen sein – wer will das schon? Gregor mag seinen Job. Das schlechte Image von Unternehmensberatungen ärgert ihn, zu pauschal seien die Schuldzuweisungen. Man merkt: Er will sich mit seinem Arbeitgeber identifizieren, was gar nicht so einfach ist, wenn man ihn andauernd verteidigen muss.

Ein Freund schaltet sich ein. Wir könnten ewig über Gregors Arbeitgeber diskutieren, den Sinn und Unsinn dieser Branche, ohne Ergebnis, unbefriedigend für beide Seiten. Als ich merke, dass es Gregor zunehmend unwohl wird, wechsle ich das Thema und frage ihn etwas Privates: ob er ein Hobby hat.

Warum mich das interessiert, will er wissen.

Weil ich selber nicht wirklich eines habe – klar lese ich Bücher, gehe ins Kino oder koche mit Freunden, aber das reicht mir nicht mehr – und ich das Gefühl nicht loswerde, dass das falsch ist, dass ein Hobby mir guttun, mich entspannen würde, ein Fluchtpunkt wäre, wenn ich mal wieder nur aus Job zu bestehen drohe. Es ist nicht mehr als eine diffuse Sehnsucht, aber eine, von der ich beschlossen habe, sie ernst zu nehmen.

Er gehe ins Fitnessstudio, antwortet Gregor, »ich brauche das Gefühl, mich körperlich auszupowern«. Früher habe er regelmäßig Tennis gespielt, »das ist aber schon ewig her« – der Job, das Kind, die Verpflichtungen. Es dauert ein bisschen, bis Gregor noch etwas einfällt: Als Student sei er wahnsinnig gern ins Theater gegangen. »Nach einer stimmigen Inszenierung war ich ein glücklicher Mensch«, sagt er. Auch das ist ewig her – der Job, das Kind, die Verpflichtungen. Es ist ein Jammer. Und offenbar ein Generationenphänomen, denke ich.

»Dinge, die mir guttun, kommen schon etwas kurz«, sagt Gregor. Ein Satz, der ein Dilemma umreißt: Neben Job und Familie bleibt kein Platz mehr für individuelle Interessen, für den auf den ersten Blick unproduktiven Zeitvertreib.

Dem allgegenwärtigen Zwang zur Selbstoptimierung und Selbstvermarktung zeigt das Hobby den Stinkefinger. Und deswegen, sage ich zu Gregor, ist »ins Fitnessstudio gehen« auch kein Hobby, sondern die Verlängerung der »Mühle« ins Private, das längst nicht mehr im Mittelpunkt steht, sondern nur noch das Berufsleben umrahmt. Diese Entgrenzung der Arbeit aber nützt weder uns noch dem Job, weil wir unser Wohlbefinden daran knüpfen, wie es im Büro gerade so läuft. Das ist doch absurd, sage ich. Gregor pflichtet mir bei, ich bin aber noch nicht ganz fertig mit meiner Brandrede. Meine Überzeugung: Durch einen Gegenpol, also etwa ein Hobby, verliert die »Mühle« ihren Schrecken.

»Hast du denn ein Hobby?« Die Frage sitzt. Gregor hat meinen wunden Punkt getroffen. »Nein, habe ich nicht«, erwidere ich kleinlaut, »noch nicht.« »Solltest du dann nicht erst mal bei dir selbst was ändern, bevor du andere bekehrst?« Zweiter Treffer. Wo er recht hat … Gregors Fragen sind mir unangenehm, weil ich selbst längst nicht so weit bin, wie ich gern wäre.

Ihren persönlichen Gegenpol schon gefunden hat »Miriam Garten«; unter diesem Namen, sagt sie, soll ich sie in meinem Handy speichern, »damit du auch in ein paar Tagen noch weißt, wer ich bin«.

Wie könnte ich sie vergessen! So bestimmt, wie sie sich nun – Gott sei Dank! – in unser Gespräch einschaltet und mit ungestümem Enthusiasmus von ihrem Mietbeet am Düsseldorfer Rheinufer erzählt. 50 Quadratmeter, erzählt sie, kosten 190 Euro für eine Saison von April bis Oktober. Im Preis enthalten ist eine fachmännische Erstbepflanzung mit Kartoffeln, Tomaten, Zucchini, Salat und vielem anderen, was in unseren Breiten gut gedeiht. Das muss ich sehen! Ich beschließe, sie dort zu besuchen.

»Aber ist das nicht furchtbar anstrengend?«

Da ist sie wieder, die Frage, an die Miriam Garten sich schon gewöhnt hat. »Klar verlangt dieses Hobby mehr Einsatz, als wenn ich im Fitnessstudio einmal die Woche meine drei Hopser machen würde«, sagt sie, als wir uns ein paar Tage später an ihrem Beet wiedertreffen, »aber ich habe zu Beginn meines Studiums relativ schnell rausgefunden, dass mir das guttut, die

Hände in der Erde zu haben. Ich tanke dabei Kraft.« Ihre zwei Balkone boten irgendwann nicht mehr Erde genug.

Mit ihrem Mietbeet hat Miriam ein Hobby gefunden, das zu ihr passt: eine Herausforderung wie ihr Jurastudium, das sie demnächst mit dem Zweiten Staatsexamen abschließen wird. Gerade arbeitet sie als Referendarin in einer Anwaltskanzlei. »Ich mache alles ganz oder gar nicht«, sagt sie, auch beim Hobby komme diese Grundhaltung zum Tragen. Dreimal die Woche muss sie schon für eine Stunde zum Gießen rausradeln, am Wochenende komme die Familie auch gern mal für einen Nachmittag mit, manchmal helfe auch ihr Mann aus, »aber primär ist das mein Ding hier«. Miriam guckt auf den Rhein, der, vielleicht zwanzig Meter entfernt, träge an dem Feld mit den Mietbeeten vorbeifließt, nebenan weiden Schafe. »Ein Idyll, oder?«

Manchmal, aber eher selten, ist es auch die Hölle. Wenn etwa der Kartoffelkäfer sein Unwesen treibt und Miriam gezwungen ist, ihre gute Erziehung zu vergessen. »Da musste ich erst mal meine Scheu überwinden: Du Tier, du störst mich. Ich will meine Kartoffeln selber essen, also bring ich dich um.« Das gehöre dazu. Und auch, sich damit abzufinden, dass das Gras in Nachbars Garten immer grüner ist, die Ernte üppiger. Miriam erzählt von einigen Rentnerpärchen, »die ihren Ruhestand hier auf dem Feld verbringen«. Natürlich sei sie neidisch, »dass die die Zeit und Muße haben, ihre Beete so perfekt zu pflegen, wie man es selbst auch gern hinkriegen würde«. Die Kanzlei mag auf dem Feld weit weg sein, Konkurrenzdenken ist es nicht.

Gerade ist sonst niemand da, das hat Miriam in den drei Monaten hier noch nie erlebt. Dabei ist sie oft um diese Zeit, in ihrer Mittagspause, auf dem Feld. Mit dem Fahrrad braucht sie eine halbe Stunde aus der Kanzlei, 20 Minuten nach Hause. Miriam mag, dass ihr Hobby beides bietet: Stille, Einkehr, aber auch Trubel und neue Bekanntschaften.

Das Miteinander gehe weit über Gespräche am nicht vorhandenen Gartenzaun hinaus, die Beetgrenzen markieren kleine Trampelpfade. »Die Idee ist Gemeinsinn«, sagt sie. »Man gießt auch mal 'ne Woche für den Nachbarn mit, wenn der in Urlaub fährt, oder entfernt Ungeziefer, wenn man welches sieht.« Miriams Verhältnis zu Unkraut hat sich über die Zeit verändert: »Wusstest du, dass die Hälfte davon essbar ist? Du musst nur wissen, welche Kräuter und wie man die zubereitet.« Das hat ihr der Bauer erzählt, der jeden zweiten Samstagvormittag zur Sprechstunde ans Beet kommt. Aus dem wöchentlichen Newsletter hat Miriam den Tipp, die Erdbeeren auf Stroh zu betten, damit sie von unten trocken bleiben und nicht faulen. »Man gießt sich schlau.«

Die Tomaten haben Pech. Weil Miriam es nicht besser wusste, hat sie auf dem vorderen, vom Bauern freigelassenen Teil des Beetes zu eng zu viele Pflanzen gesät. »Jetzt haben wir Büsche«, stellt sie trocken fest. »Wie sollen da Luft und Licht drankommen?«

Während Miriam mit den unfreiwillig grünen Tomaten beschäftigt ist, schweifen meine Gedanken ab, in meine Kindheit und zu uns nach Hause, wo Hobbys keinen besonders großen Stellenwert hatten. Klar, mein Vater hatte seinen Computer und meine Mutter ihre Bücher – und mein Bruder und ich haben in unserer Freizeit viel ausprobiert, aber nach der Schulzeit ist von all diesen Hobbys nichts übrig geblieben, sicherlich auch weil uns niemand vorgelebt hat, wie man eine private Passion pflegt. Gut, meine Oma hatte ihre Rosen, den Garten, und mein Opa seine Münzen, aber da waren sie auch schon alt. Auch wenn es nie jemand ausgesprochen hat: Ein Hobby, das war was für Rentner oder für Leute, die zu viel Zeit hatten. In der protestantischen Erziehung meiner Mutter, die sie an meinen Bruder und mich weitergegeben hat, war dafür kaum Platz.

»Geil! Die erste Zwiebel!«, ruft Miriam unvermittelt aus. »Und die Zucchini, die wuchern ja wie doof.« Die Tomaten sind vergessen. Sieg und Niederlage liegen kaum irgendwo so dicht beieinander wie auf einem Gemüsebeet.

Miriams Begeisterung ist ansteckend. Dass andere ihr Hobby spießig finden könnten, scheint für sie keine Rolle zu spielen. Denn das Gärtnern ist für Miriam eine Notwendigkeit, ein inneres Bedürfnis, dem sie nachgibt, kein schmückendes Accessoire, nichts fürs Image. Dementsprechend ernst nimmt sie ihr Hobby – ohne verbissen zu sein. »Gibt Schlimmeres, machen wir nächstes Jahr besser«, ruft sie den grünen Tomaten in den Tiefen ihres Busches zu. Und dass sie nächstes Jahr weitermacht, steht außer Frage, alleine der Tomaten wegen. Das ist sie ihrem Ehrgeiz schuldig.

Bis dahin dürften sich auch die skeptischen ihrer Freunde an Miriams Hobby gewöhnt haben. Die ersten waren sogar schon mit am Beet, mal gucken, was sie da so treibt. »Was nicht heißt, dass sie darüber auf die Idee kommen, sich auch mal zu überlegen, was sie parallel zur Arbeit für sich machen sollten, könnten, wollten«, schränkt Miriam ein. Diese Trägheit – Freunde, die sich im Job verausgaben und nach Feierabend nur auf dem Sofa rumhängen – macht Miriam traurig: »Rund um die Uhr Anwältin zu sein und kein Mensch mehr drumherum wäre für mich die Hölle.« Je früher man einen Ausgleich finde, desto besser, ist sie überzeugt, »denn je mehr man im Berufsleben etabliert ist, je mehr Anerkennung und Bestätigung man kriegt, desto schwieriger wird es, ein Hobby zu finden, das da mithalten kann.«

Und dann sagt Miriam auf dem Trampelpfad noch etwas, was mir wirklich zu denken gibt: »Ich glaube, dass die Skepsis, die mir entgegengebracht wird, auch von Neid geprägt ist.« Neid darauf, dass sie ein Hobby gefunden hat, das sie glücklich macht. Zu denken gibt es mir, weil ich zwar nicht skeptisch bin, aber ein bisschen neidisch schon.

Miriam drückt mir eine Gießkanne in die Hand, ich folge ihr zur Grundwasserpumpe ein paar Meter weiter. Zurück am Beet darf ich die Möhren gießen. Keine große Sache und doch irgendwie ein erhebendes Gefühl: Mit einer leichten Drehung des Handgelenks spende ich Leben. War das gemeint mit »sich die Erde untertan machen«? Ich gucke auf den Rhein und gieße und gucke und gieße. Mehr tue ich nicht, muss ich auch nicht. Ein kurzer Moment, der meinetwegen noch lange weitergehen könnte. Selten hat es mich so entspannt, etwas Nützliches zu tun.

Als wir die Gießkannen wieder in den Geräteschuppen einschließen, wobei Miriam noch ein paar Mairüben aus der dort aufgestellten Tauschkiste fischt, erzählt sie von ihrem

Chef, der neuerdings frage, was denn gerade erntereif sei, »um damit vor seiner Freundin angeben zu können«, vermutet Miriam. Das Interesse ihrer Umgebung gibt ihr alles in allem aber ein gutes Gefühl: »Das Bewusstsein für die eigenen Bedürfnisse wächst«, ist Miriam mit Blick auf ihren Freundeskreis überzeugt.

Ich bin mir nicht sicher, ob sie recht hat. Aber ich hoffe es.

Gerade weil »Hobby« heute schon beinah ein Schimpfwort ist, faszinieren mich Leute wie Miriam. Sie hat sich entschieden für eine der ungezählten Möglichkeiten, ihre Freizeit sinnvoll-zweckfrei zu verbringen. Da ist sie mir voraus, und nicht nur mir. Auch wenn Hobbylosigkeit nicht allein meinen Altersgenossen vorbehalten ist, so glaube ich doch, dass dieses unter jungen, gut ausgebildeten, hochmotivierten Genussarbeitern weit verbreitete Phänomen viel über unsere Generation aussagt. »Mein Herz ist immer unterwegs/auf der Suche nach was Besserem und einer Liebe, die mir steht/Denn in Gedanken sieht die Zukunft immer farbenfroh aus/doch sie liegt nie in dieser Stadt und auch nicht bei dir«, besingt Gisbert zu Knyphausen in »Wer kann sich schon entscheiden« ein Grundproblem unserer Generation: Wir heute um die 30-Jährigen verzetteln uns in der Vielzahl unserer Möglichkeiten. Die Qual der Wahl lähmt uns. Festlegen können wir uns nur schwer, weil wir die Konsequenzen unserer Entscheidungen fürchten. Wir sind Kinder der Krise, in unserem tiefsten Inneren verunsichert. Als wir klein waren, war Kohl noch Kanzler und unsere Welt in Ordnung, als wir erwachsen wurden, kamen Schröder, 9/11, Hartz IV, die Finanzkrise und der ganze andere Mist. In unserem Gefühl ging es eigentlich immer nur bergab – auf hohem Niveau zwar, aber dennoch.

Nichts ist sicher, unsere Jobs nicht, die Rente sowieso nicht. Im Laufe unseres Lebens sind Bindungen immer brüchiger geworden: Lebensabschnittsgefährten, Zeitverträge, Prepaid-Handys, Zwischenmieten. Wir um die 30-Jährigen sind ständig auf dem Sprung oder zumindest dazu bereit, zu springen, wenn das von uns erwartet wird. Rastlosigkeit ist die Schattenseite dieser Flexibilität, unser Herz ist tatsächlich immer unterwegs. Dementsprechend schwer tun wir uns mit Bekenntnissen, die ja immer eine Festlegung voraussetzen. Zu groß ist die Angst, der Komplexität der Welt nicht gerecht zu werden. Was sollen wir wählen? Woran sollen wir glauben? Wie wollen wir leben? Alles Fragen, die viele nur situativ beantworten können (und wollen). Merkwürdig unbehaust wirken wir mitunter, verloren. Gottvertrauen? Woher denn? Und wer war eigentlich noch mal dieser Gott? Wenn überhaupt haben wir uns Zuversicht antrainiert, grundlosen Optimismus, als Panzer gegen künftige Unbill.

Es sind aber nicht nur die Zumutungen von außen, die uns zusetzen. Wir stehen uns auch selbst im Weg. Neben »eigentlich« gehört »vielleicht« zu unseren Lieblingswörtern – ein Vokabular des Zauderns. Mal gucken. Lass uns später telefonieren. Ich schick dir ne SMS. Dieses ewige Vielleicht tut aber niemandem gut. Wir halten uns alle Optionen offen, weil wir denken, dass wir was verpassen, wenn wir uns festlegen. Das Gegenteil ist der Fall. Weil wir uns immer alle Optionen offenhalten, lassen wir permanent Gelegenheiten verstreichen, die uns glücklich machen könnten. Insgeheim wissen wir das oder ahnen es zumindest. Warum ändern wir dann nichts daran?

Nach dem Abschied von Miriam laufe ich zum Bus und fahre mit dem Gefühl zurück in die Stadt, einen besonderen Menschen getroffen zu haben, eine Frau, die ihre Bedürfnisse kennt und ihnen nachzugeben versucht.

Das klingt so einfach, ist aber verflucht schwer: Was brauche ich und wie kriege ich es? Wenn ich das wüsste! Dann hätte ich Miriam wohl kaum an ihrem Mietbeet besucht. Auch wenn mir allzu generalstabsmäßig geplante Lebensentwürfe suspekt sind, frage ich mich, ob es gesund ist, mit Anfang 30 noch so dermaßen auf der Suche zu sein wie ich, auf der Suche nach einem Hobby und nach so viel mehr. Ich hoffe: Ja. Natürlich hoffe ich das. Sicher bin ich mir da mal wieder nicht. Hört das denn nie auf?

Nach dem Besuch in Miriams Garten wird mir schnell klar, dass die Suche gerade erst begonnen hat. Ich beschließe, noch mehr Menschen mit Hobbys zu treffen. Das ganze Spektrum von stinknormal bis außergewöhnlich möchte ich ausleuchten, so viel wie möglich selbst ausprobieren (die Qualifikation zum Ultramarathon etwa habe ich leider knapp verfehlt), auf eine Art Speed-Dating-Tour gehen, einmal durchs Alphabet – von A wie Autogrammjäger bis Z wie Zumba. Die Auswahl ist völlig subjektiv.

Wer sich für ein Hobby interessiert, das nicht vorkommt, muss es eben selbst ausprobieren. Meine Erlebnisse sollen nur ein Anfang sein und Ansporn. Dabei werden mir viele Freiwillige behilflich sein, die sich bereit erklärt haben, mich mit ihren Leidenschaften bekannt zu machen. Das nächste Hobby ist ja oft nur einen Bekannten entfernt.

Bereit?

Also gut: Kann losgehen.

A wie Autogrammjäger

(hätte auch Aquaristik werden können)

Normalerweise laufe ich achtlos an ihnen vorbei, amüsiere mich höchstens kurz darüber, wie sie miteinander um die Wette brüllen. Autogrammjäger sind mir aber noch suspekter als Fotografen. Die verdienen ihren Lebensunterhalt mit Bildern vom roten Teppich – aber was haben die Autogrammjäger davon, ein Foto mit und eine Unterschrift von, sagen wir, Daniela Katzenberger zu ergattern? Ein Foto, wie an einem Abend Dutzende entstehen, ein im Vorbeigehen hingekritzelter Hans-Otto?

Was hat das für einen Wert?

Es gehört zu meinem Job, über Schauspieler zu schreiben. Schon deshalb käme ich nie auf die Idee, mir ein Autogramm geben zu lassen, nicht mal für Mutti. Das empfände ich als unprofessionell, da ich mit der Bitte um ein Autogramm meiner Rolle untreu, die berufliche mit der Fan-Ebene vermischen würde. Einmal habe ich mich mit Günter Netzer fotografieren lassen, aber eher aus einer Art Gruppenzwang heraus. Ich bin kein großer Fußballfan. Komischerweise habe ich einen Ausdruck des Schnappschusses trotzdem im Büro über meinen Schreibtisch gehängt.

Wieso?

Köln, Deutscher Fernsehpreis 2013: An diesem Abend Anfang Oktober will ich mich am roten Teppich mal dazustellen, um ein bisschen besser zu verstehen, warum Dutzende Autogrammjäger hier Stunden in der Kälte ausharren. Würden Sie mir ein paar Fragen beantworten? »Wenn Sie mich nicht ablenken«, erwidert die Frau neben mir. »Ich bin in Action.« Und wie sie in Action ist! »Herr Tramitz, Herr Tramitz!«, ruft sie in der Hoffnung, der Schauspieler möge sie erhören und in ihr Album schreiben. Es ist schon ihr 20. Album, seit zwölf Jahren sammelt sie Autogramme, meistens gemeinsam mit ihrer Mutter. Sie sind ein eingespieltes Team: Andrea, Einzelhandelskauffrau vom Niederrhein ruft die Stars heran und Mutter Birgit dokumentiert einzelne Begegnungen mit der Digitalkamera. Angesprochen wird nur, wen Andrea noch nicht in ihrer Sammlung hat. Ausnahmen macht sie für Promis, von denen sie zwar schon ein Autogramm hat, aber noch kein (gemeinsames) Foto.

Ich geniere mich jedes Mal, wenn ich als Journalist wildfremde Menschen ansprechen soll. Haben sie da gar keine Hemmungen? »Einige kennen uns ja schon«, antwortet Andrea. »Und solange ich alle nett und freundlich mit Namen anspreche, kommen die auch gern.« Was auffällt: Andrea brüllt die Leute zwar an, kumpelt aber nicht rum. Lars Eidinger ist »Herr Eidinger«, Martina Servatius aus »Verbotene Liebe« (kannte ich vorher auch nicht) ist »Frau Servatius«. Andrea und ihre Mutter wahren das Maximum der unter diesen Umständen möglichen respektvollen Distanz.

Andrea schwärmt für Tobias Moretti und Harald Krassnitzer. Und spätestens seit jenem Erlebnis im rheinischen Jüchen auch für Kevin Costner. Das Konzert seiner Band Modern West sei zwar ausverkauft gewesen, »aber der Herr Costner hat uns reingelassen«. Man merkt ihrer Stimme an, wie dankbar sie ihm ist. Seltsam: Was für Costner 2009 eine kleine Geste war, ist für Andrea vier Jahre später immer noch eine große Sache. Auch wenn er Andrea wahrscheinlich längst wieder vergessen hat: Sie wird ihm diese Einladung so schnell nicht vergessen.

Bei den meisten Veranstaltungen sind Andrea und Birgit nämlich nur Zaungäste. Wenn die eigentliche Party beginnt, sind sie schon wieder auf dem Weg nach Hause. Wie die Fotografen werten auch Autogrammjäger jedes Promi-Event durch ihre bloße Anwesenheit auf. Sie sind ein Gradmesser des Glamours – einen Sekt bietet ihnen trotzdem niemand an. Ihr Platz ist vor der Tür, sie gehören dazu und doch nicht. »Ein tolles Erlebnis« sei das, schwärmt Andrea, als stünde sie auf dem roten Teppich und nicht daneben, »all diese Leute kennenzulernen.« Dabei ist ein krakeliges »Für Andrea« in ihrem Album heute hier das Persönlichste. Ihr reicht das offensichtlich.

Meinen Plan, mir selbst ein Autogramm zu holen oder ein Foto, verwerfe ich. Aus Scham. Ich traue mich einfach nicht, jemanden anzusprechen. Dafür müsste ich auf eine Art bestimmt sein, die ich nicht hinbekomme – nicht jetzt, nicht hier, zwischen all den sehr bestimmten Profis.

Drinnen im Foyer treffe ich Ingo Zamperoni, bekannt geworden als »Tagesthemen«-Moderator. Wir wechseln ein paar Worte, wünschen uns einen schönen Abend, Small Talk. Woher wir uns kennen? Na über die Arbeit halt. Von genau solchen

Events, bei denen man irgendwann in einer Runde zusammensteht und ins Gespräch kommt.

Es ist noch gar nicht so lange her, da stand ich als Berufsanfänger wie Falschgeld auf Veranstaltungen herum. Ich (er) kannte viele, niemand kannte mich. Das waren keine schönen Abende, und kurz waren sie, denn was nützt dir die opulenteste Party, wenn niemand da ist, der mit dir feiern will? Sich alleine zu betrinken hätte die Trostlosigkeit nur noch gesteigert. Also war ich meistens recht früh im Bett.

Das hat sich zum Glück geändert. Heute gehöre ich dazu, ich kenne Leute und durch die lerne ich wiederum neue Leute kennen. Warum ich das erzähle? Weil ich, wenn ich genauer drüber nachdenke, doch mehr Verständnis für Andrea, Birgit und all die anderen Autogrammjäger habe als ursprünglich gedacht. Ihr Hobby entspringt dem menschlichen Urbedürfnis, wahrgenommen, gesehen zu werden. Und von Promis gesehen zu werden, wiegt für viele noch mal schwerer als von Normalos. Zugrunde liegt die irrige Annahme, dass wer im Fernsehen auftaucht und in den Klatschspalten, automatisch das glanzvollere, sorgenfreiere, ja glücklichere Leben führt, und die insgeheime Hoffnung, dass jede noch so flüchtige Begegnung auf das Gegenüber abstrahlt.

Fast jeder kennt doch diesen kurzen Moment der Irritation, wenn er einen Promi im Supermarkt trifft: Was, der kauft ein?! Und die meisten erzählen hinterher brühwarm zu Hause: Du wirst nicht glauben, wen ich an der Fleischtheke getroffen habe. Als wäre es unter der Würde von, sagen wir Angela Merkel, Rumpsteaks zu kaufen. Oder Leberwurst.

Auch ich bin nicht frei davon, ein Stück vom (vermeintlichen) Glamour der Promis abhaben zu wollen. Das zu leugnen klänge cooler, wäre aber gelogen. Auch deshalb bin ich Medienjournalist geworden. Ich könnte ja auch über Atomkraftwerke schreiben. Oder Gesundheitspolitik. Und aus diesem Grund hängt er wohl auch über meinem Schreibtisch im Büro, der Schnappschuss mit Günter Netzer, der in natura übrigens noch sehr viel kleiner ist, als er im Fernsehen aussieht.

Der Hobbyist rät:

Wer Unterschriften will, muss freundlich sein. Auch beim Fotografieren gilt: Erst höflich fragen, dann knipsen. Kein Mensch fühlt sich gern wie Freiwild, auch kein gesichtsbekannter.

B wie Boulen

(hätte auch Basteln werden können)

Mit Motorik habe ich es nicht so. Beim Fußballspielen im Sportunterricht wurde ich immer ins Tor gestellt – nicht wegen meiner überragenden Reflexe, sondern weil ich da vermeintlich am wenigsten Schaden anrichten konnte. Da stand ich dann also und tat mein Möglichstes. Es war nicht viel. Wenn ich Glück hatte, ging der Ball auf den Mann. Meistens hatte ich Pech. Diese Verunsicherung sitzt tief. Vor den Sporthobbys auf meiner Liste habe ich einen Heidenrespekt. Also lasse ich es mal lieber langsam angehen.

Berlin-Kreuzberg, Paul-Lincke-Ufer: Mein Kollege Bernd hat mich auf den Bouleplatz eingeladen. Er verbringt viele Sommerabende dort. Heute ist Freitag, also Turnierabend. Etwa 150 Leute feiern eine Art Dorffest bei Grillwürstchen und Bier zum Selbstkostenpreis; wer es stilecht französisch mag, trinkt Rosé. Sport mit Alkohol?! Was sich sonst gegenseitig ausschließt, geht hier eine lebensfrohe Melange ein. Es geht zu wie in einem Werbespot fürs süße Berliner Leben. Ich bin spontan begeistert.

Die meiste Zeit sitze ich einfach nur am Rand. Als blutiger Anfänger tue ich gut daran, Bernd und den anderen erst mal ein bisschen zuzugucken. Denn eins merke ich schnell: So locker die Stimmung insgesamt ist, so konzentriert sind alle dabei: Ihre Gesichter werden ganz ernst, wenn sie die Kugeln taxieren und ihren Wurf planen. »Schweinchen« oder derber »Sau«, lerne ich, nennen sie die leichte kleine Holzkugel, die man sechs bis zehn Meter von sich wirft, um ihr dann mit den metallenen Boulekugeln so nah wie möglich auf die Pelle zu rücken. »Wenn ich hier auf dem Platz stehe«, sagt Bernd, »blende ich alles andere aus.« Das Hobby als Auszeit vom Alltag – hier, auf den Kiesbahnen, gibt es nur den Kampf Mann gegen Mann und alle gegen die Sau.

Bernd hat mir seine Ersatzkugeln mitgebracht, sodass ich auf einer frei gewordenen Bahn ein bisschen üben kann. Die Kugeln liegen kühl und gut in der Hand und auch die Wurfbewegung habe ich recht schnell raus. Es kommt mir Schlagballversager sehr entgegen, dass es nicht auf die Weite ankommt. Aus dem Handgelenk heraus wird die Kugel nach vorne geschleudert, im Hochschnellen gibt die Hand sie frei. Ich mag die Bewegung auf Anhieb. Und offenbar mag sie mich auch: Ich bin überrascht, ja geradezu euphorisiert, als die ersten Boulekugeln unerwarteterweise in Sichtweite der Sau zum Liegen kommen. Nicht alle, aber doch die meisten. Mein erster Versuch schreit nach einer Wiederholung. Ich komme auf jeden Fall wieder.

Mein nächster Besuch auf dem Bouleplatz fällt auf einen Mittwoch. Da muss man das Bier selbst besorgen, was ich auch gleich mal mache, um mich bei Bernd zu revanchieren. Auch diesmal schickt er mich zunächst mit seinen Ersatzkugeln üben. Es ist viel weniger los als beim Turnier. Nach fünf Runden à drei geworfenen Kugeln gucke ich zum ersten Mal auf die Uhr. Die Ausbeute ist wieder überraschend gut und ich freue mich drüber, aber ohne sich dabei mit anderen zu messen, ohne Wettkampf, wird es doch recht bald öde: Sau werfen, Kugel, Kugel, Kugel, alles wieder einsammeln, Richtungswechsel, Sau werfen, Kugel, Kugel, Kugel, einsammeln, Richtungswechsel und wieder von vorn.

Ein paarmal versuche ich, mit einer Kugel eine andere (im Spiel wäre das natürlich eine gegnerische) abzuschießen – Boulen für Fortgeschrittene. Außer einem Zufallstreffer bringe ich nicht viel zustande. Und auch beim »Legen« der Kugeln, wie der Versuch genannt wird, möglichst nah an die Sau ranzukommen, habe ich mehr Glück als Verstand. Denn ich ziele einfach irgendwie in Richtung der Sau, in der Hoffnung, dass die Kugel nach dem Aufschlag nicht mehr zu weit über den Schotter rollt. Kurz gesagt: Alles, was mir gelingt, ist wohl vor allem Zufall, ein schöner zwar, aber trotzdem. Ich möchte daran glauben, dass auch ein bisschen Fingerspitzengefühl dazukommt, aber das müssen andere beurteilen.

Mir mangelt es ganz klar an Technik. Als Bernd rüberkommt, erklärt er mir, dass für mich als Linkshänder beim Wurf der linke Fuß nach vorne gehört, und auch an meiner Haltung gibt es noch was zu korrigieren: Bernd geht viel tiefer in die Hocke als ich, »damit ich die Unebenheiten des Bodens besser einschätzen kann«, sagt er. Ich mache es ihm nach, bücke mich allerdings nicht so tief, weil ich dann die Kugelkonstellation nicht mehr so gut überblicken könnte. Ganz anders Bernd: Erstaunlich, wie er auch aus acht Metern Entfernung und sogar im Knien meistens richtig einschätzt, wessen Kugel der Sau am nächsten liegt. Ich tröste mich damit, dass Bernd schon seit 20 Jahren spielt. Und er tröstet mich damit, dass er sagt: »Dafür müsste ich eigentlich viel besser sein.«

Wir beginnen ein Spiel. Wie bei allen Varianten gilt auch beim Tête-à-Tête, dem Spiel eins gegen eins, dass immer derjenige eine seiner drei Kugeln wirft, »der den Punkt nicht hat«, dessen beste Kugel weiter von der Sau wegliegt als die beste des Gegners, erklärt Bernd. Das bin meistens ich. Als Punkte zählen alle Kugeln eines Spielers, die am Ende einer Runde noch dichter an der Sau liegen als die beste Kugel des Gegners. Gespielt wird bis 13. Das Spiel endet 13 zu 4. Für Bernd natürlich.

Die große Demütigung übernehmen Bernds Boulefreunde Heiko und – so kreativ waren die Eltern ihrer Generation – Bernd, die uns anschließend herausfordern. Keine Chance, denke ich. »Wird schon«, sagt Bernd, meiner, nicht der andere. Ich strenge mich an und schaffe sogar ein paar Anstandspunkte. »Sehr schön gespielt«, lobt Bernd gleich mehrfach. Wir liegen trotzdem immer weiter zurück. Auf meine Ausfälle reagiert er, indem er mich anspornt.

Hätte Bernd nicht mein Sportlehrer sein können?

Doch auch seine Unterstützung vermag das Blatt nicht zu wenden: Wir gehen unter. Auf Nimmerwiedersehen. Blubb, blubb. Geschönt möchte ich den Endstand mit 13 zu 8 angeben. Von weiteren Fragen bitte ich abzusehen.

Für eine Revanche ist es zum Glück mittlerweile zu dunkel. Die Flutlichtanlage bauen die Boulespieler vom Paul-Lincke-

Ufer nur an Turniertagen auf. Bis ich da die erste Runde überstehe, kann es noch dauern. Aber ich bin auf den Geschmack gekommen, komme bestimmt wieder, um herauszufinden, ob ich nicht vielleicht tatsächlich das Fingerspitzengefühl habe, das ich gern hätte, oder ob ich es zumindest entwickeln kann.

Das ist das Schöne am Boulen: dass es ein so niedrigschwelliger Sport ist, bei dem auch Unsportliche schnell Erfolgserlebnisse haben können. Menschen wie ich. Und obendrein ist es eine entspannte Art, einen Sommerabend zu verbringen. Bei einer Flasche Bier und netten Gesprächen ist es auch zweitrangig, wer gewinnt und wer verliert. Verbissenheit hat hier Platzverbot.

Der Hobbyist rät:

Es muss nicht immer Alkohol sein, aber Boulen ist ein geselliges Hobby. Getränke nach Wahl und ein bisschen was zum Knabbern gehören also ins Gepäck.

C wie Chor

(hätte auch Comics sammeln werden können)

Reden wir nicht lange drum herum: Ich bin eine Rampensau. Zu Schulzeiten habe ich jahrelang Theater gespielt, mich von der Robbe zum König »hochgedient«; und neben Schauspieler war Moderator ein früher Berufswunsch: Ich schwebe die Showtreppe runter, Applaus brandet auf, ich deute einen Diener an, bedanke mich und begrüße Fernsehdeutschland, winke ab, alle klatschen weiter, ich sage was Witziges, Gelächter, vielleicht kommt noch Fußgetrampel dazu, vielleicht auch nicht, aber auf jeden Fall wird so lange weitergeklatscht, bis meine Stimme gespielt-energisch sagt: »Jetzt ist aber gut. Schonen Sie Ihre Kräfte. Wir haben noch viel vor heute Abend!«

So in etwa habe ich mir das vorgestellt.

Ich kann das so locker aufschreiben, weil ich darüber hinweg bin. Ein Kindertraum, mehr nicht. Aber ein schöner. (Wenn ich heute als Journalist über Markus Lanz schreibe, geht es am Rande immer auch um diesen Traum.) Extrovertiert war ich schon immer.

Früher war ein Abend für mich gelungen, wenn ich die ganze Runde unterhalten habe, alle über meine Witze gelacht haben. Oder meine Gemeinheiten. Dabei sein war für mich nicht alles, es musste schon der Mittelpunkt sein.

Was das angeht, bin ich zum Glück aus dem Gröbsten raus. Aber es gibt Rückfälle.

Vor knapp drei Jahren feierte eine Freundin von mir ihren 30. Geburtstag mit Cocktails und Karaoke. Es war eine der schönsten Partys seit Langem. Ich liebe Karaoke, weil ich dabei die Rampensau freilassen kann, ohne dass sie wieder alles verwüstet. Wie früher das Theaterspielen ist Karaoke eine Art Gehege, bietet mir reichlich Auslauf, aber auch klar definierte Grenzen. Die ich an diesem Abend ausgereizt habe: Wie oft genau ich gesungen habe, weiß ich nicht mehr, aber auf jeden Fall mehr als alle anderen. Viele wollten nur einmal oder überhaupt nicht, Menschen gibt's … Solos, Duette, Triette (gibt es das Wort?) – ich sang wie im Rausch. Betrunken war ich auch.

Den Kater mal ausgeklammert war auch am nächsten Tag noch klar: Singen macht glücklich. Und was einen glücklich macht, sollte man häufiger tun. Ich wiederhole: Was einen glücklich macht, sollte man häufiger tun.

Deswegen stehe ich etliche Monate später endlich hier, im Kreuzberger Betahaus, in einem Kreis von einem guten Dutzend Menschen zwischen 20 und 50, die 15 Euro dafür bezahlt haben, zwei Stunden lang miteinander zu singen. 15 Euro – davon kann man in Berlin einmal ins Theater gehen, zweimal ins Kino oder drei Gin Tonic trinken. Ob der monatliche »Saturday Sing« sein Geld auch wert ist? (Oh Gott, das denke ich wirklich. Ein bisschen peinlich, dieses Krämerhafte.)

Am Anfang ist alles ein bisschen gewöhnungsbedürftig: lauter fremde Menschen, die meisten sind Frauen. Wirklich gar kein mir auch nur entfernt bekanntes Gesicht. Wann kommt man als Erwachsener noch in solche Situationen? Und vor denen soll man singen! Was natürlich ein Denkfehler ist: Man singt ja nicht VOR, sondern MIT ihnen. Das Gefühl der Befangenheit übersteht gerade mal die Vorstellungsrunde, in der Chorleiterin Lyndsey es uns überlässt, ob wir unseren Namen sprechen oder singen wollen. Lyndsey wiederholt die immer gleichen Akkorde auf ihrer Gitarre. Die meisten sprechen, ich probiere es. Daa-vid. Ein bisschen unsicher noch, aber annehmbar, würde ich sagen. Lyndsey weiß, wie wichtig Lob fürs Selbstbewusstsein von Anfängern ist, und macht davon ausgiebig Gebrauch.

Überhaupt kann man sich keine bessere Lehrerin vorstellen als Lyndsey, was viel damit zu tun hat, dass sie einem das Gefühl gibt, sich keinen besseren Job vorstellen zu können als genau diesen. Die britische Berufsmusikerin leitet auch den Berlin Pop Choir, den großen Bruder vom »Saturday Sing«. Sie weiß offenbar, wie ungern sich viele heutzutage festlegen, und hat mit dem offenen Singen eine unverbindliche Vorstufe geschaffen, ein Schnupperangebot. Man könnte auch von »Einstiegsdroge« sprechen.

Der Appetithappen schmeckt großartig. Was der Leichtigkeit zu verdanken ist, mit der Lyndsey ihr musikalisches mit ihrem pädagogischen Talent verbindet. Nach ein paar Stimmübungen wirft sie uns auch schon ins kalte Wasser. Und wir lassen es geschehen. Im Nu lernen wir sogar Songs, die wir nie zuvor gehört haben. Um sie kurz darauf mehrstimmig zu singen. Und das alles ganz ohne Noten. Lyndsey singt vor, wir singen nach. So einfach ist das.

Besonders »California Dreamin'« trifft mich wie der Blitz. Ich hielt das immer für einen totgenudelten Oldie – den ich plötzlich komplett neu für mich entdecke. Was für ein großartiger Song! Wenn jemand mal aus dem mehrstimmigen Gesang rauskommt, ist Lyndsey sofort zur Stelle und hilft ihm (gern bin das auch ich) in den Song zurück. Setzt jemand mal aus (wieder ich, war in Gedanken), erkundigt sie sich, ob alles in Ordnung ist. Und will jemand partout noch höher singen, macht Lyndsey spontan eine Sirenenstimmgruppe auf.

Die anderen mögen immer noch Fremde sein, aber Lyndsey kommt einem schnell wie eine alte Bekannte vor – die man nur noch nie gesehen hat. Untereinander wird nicht sonderlich viel geredet, auch nicht gelacht. Und geflirtet schon mal gar nicht. Die Atmosphäre ist trotzdem angenehm, angenehm geschäftsmäßig: Man ist nicht hier, um Freunde zu finden, sondern aus Freude an der Musik. Sie steht im Mittelpunkt, diese Wunderdroge, stimmungsaufhellend vom ersten Ton an. In sie vertiefen wir uns, Strophe für Strophe, Song für Song, bis das Ich sich im Wir auflöst, ein Sog entsteht, jedenfalls etwas, das mehr ist als die Summe der einzelnen Teile. Ich könnte mich kaum weiter entfernen von der Karaoke-Egonummer. Mir gefällt beides.

Meine Gedanken reichen nicht viel weiter als bis zur nächsten Textzeile – das hat schon was von Meditation. Und von einer Utopie: Nichts ist so egalitär wie ein guter Chor. Niemand versucht die anderen zu übertrumpfen, alle ziehen am selben Strang, strömen in die gleiche Richtung. Ja, so fühlt es sich an, wie eine Strömung, von der man erfasst wird, in der man sich geborgen fühlt, die einen hoffentlich noch weit trägt. Ich fühle mich berauscht, will mehr davon – mehr, mehr! Singen ist nichtsdestotrotz eine ernste Angelegenheit: Für schiefe Töne gibt's schiefe Blicke. Wie für jeden Störenfried, der einem querkommt. Wer schief singt, torpediert das Gemeinschaftsprojekt und damit auch den individuellen Ertrag. So selbstverloren das Ganze wirkt, so egoistisch sind die Motive der Mitsinger: Es geht ihnen nicht um die Gemeinschaftsleistung an sich, sondern um ihren jeweiligen Genuss. Jeder einzelne Sänger will sich am Gesang der Gruppe ergötzen.

Nach zwei Stunden ist viel zu früh Schluss. Ich möchte »Zugabe« rufen, wie nach einem Konzert, das noch lange weitergehen möge. Dieses hier haben wir uns selber gegeben. Wer »Zugabe« ruft, tut das ja auch aus der Vorahnung heraus, dass die Landung hart sein wird, zurück im Alltag, und versucht den Aufprall noch zwei, drei Songs rauszuzögern. Diesmal gibt es keine Nachspielzeit, beziehungsweise nur im eigenen Kopf. Beinahe fluchtartig verlasse ich den Raum, um nicht aus dem herausgerissen zu werden, was der »Saturday Sing« in mir zum Schwingen gebracht hat. Jetzt in ein Gespräch verwickelt zu werden wäre die Hölle. Ich fühle mich frisch und leicht wie nach einer guten Massage. Und zwei Stunden Massage wären sicher deutlich teurer gewesen als die lächerlichen 15 Euro.

Der Hobbyist rät:

Es ist noch kein Meister vom Himmel gefallen. Ignorieren Sie eventuelle schiefe Blicke so gut Sie können und singen

Sie einfach weiter. Das wird schon. Und wenn Sie feststellen sollten, dass Singen im Chor nichts für Sie ist: Singen Sie trotzdem. Unter der Dusche. Im Auto. Beim Putzen. Man kann gar nicht oft genug singen.

D wie Dackel

(hätte auch Drohnen werden können)

So einen Zwinger hatte ich mir irgendwie anders vorgestellt, eng, bedrückend – als eine Art Hundeknast. Aber: keine Gitterstäbe, nirgends. Stattdessen: vier freilaufende Dackel, die mich mit großem Hallo an der Wohnungstür empfangen, kläffen, bellen, springen, das volle Programm. Unerkannt kommt hier niemand rein. »Dackel sind hervorragende Wachhunde«, sagt Hausherr Frank und fügt entschuldigend hinzu, »aber keine Musterkinder.« Er mag sie gerade deswegen.

»Von der Rautmannshöhe« heißt der Zwinger von Frank und seinem Lebensgefährten Holger, was, wie mir Frank erklärt, nur so viel bedeutet, dass in dieser Erdgeschossaltbauwohnung mit Handtuchgarten im Berliner Stadtteil Charlottenburg »in häuslicher Liebhaberzucht«, wie es auf der Homepage heißt, Dackel produziert werden, oder wie es offiziell heißt: »Teckel, Kurzhaarteckel«. Die vier vierbeinigen Familienmitglieder haben so abgefahrene Namen, dass Frank sie mir besser aufschreibt: Da ist die Großmutter Dilara Dalila Baha von Rehsprung, sieben Jahre alt, Tochter Bikini Shiva Hilda von der Rautmannshöhe und Sohn Babylon Baptiste Tiberius von der Rautmannshöhe (beide drei) und dessen Tochter Danuta Dina von der Rautmannshöhe (18 Wochen).

Ich und Dackel züchten? Klar soll in diesem Buch die Suche nach einem Hobby für mich im Vordergrund stehen. Darüber hinaus interessiert mich aber auch, was andere für Hobbys haben und was sie daran reizt. Hundezucht ist so ein Fall. Gerade weil mir dieses Hobby so fremd ist, habe ich mich mit Holger und Frank verabredet, um ihre Faszination zu ergründen und sie hinterher vielleicht sogar ein bisschen zu verstehen.

Schnell wird klar: Das Klischee muss bei ihnen draußen bleiben. Wenn Frank wieder mal den aus der Sitcom »Hausmeister Krause« bekannten Spruch hört »Alle für einen, einer für alle, alles für den Dackel, alles für den Club, unser Leben für den Hund«, kann er nur müde lächeln. Er und Holger passen nicht in die Hausmeister-Krause-Welt. Das Spießerimage des Dackels stört sie aber nicht, im Gegenteil: Sie umarmen es geradezu, mokieren sich über die Sprache der Züchter (»Es heißt nicht Hundescheiße, sondern Losung, weil der Hund sich gelöst hat.«) und Vereinsmeierei (»Im Teckelverein legt man Wert auf sein Herrengedeck.«), sind also ironisch-distanziert, das schon, aber beileibe keine Revoluzzer. Sie sind Kleinbürger, schwule Kleinbürger, die sich für den Dackel als »immer noch günstigsten Rassehund«, platzsparend zudem, entschieden haben. Mit »Der moderne Dackel« ist ihre Homepage überschrieben.

In acht Jahren kommt der Zwinger erst auf vier Würfe à sechs bis acht Welpen. »Mir ist es wichtiger, dass die Hunde ihre Ruhephasen haben«, sagt Frank, »als die Zahl der Welpen zu maximieren.« Jeder Wurf brauche etwa ein Jahr Vorbereitungszeit und koste sie etwa 2000 Euro. Die Welpen verkaufen sie dann für je 800 Euro.

Frank ist familiär vorbelastet: Seine Mutter hatte in den Fünfzigern einen Langhaardackel aus dem damals vom Urgroßonkel betriebenen Zwinger »Von der Rautmannshöhe«. Den haben Frank und Holger 2007 wiederbelebt, nachdem sie bei einer Werbeveranstaltung des DTK 1888, des Deutschen Teckelklubs, auf den Dackel gekommen sind.

»Ich wollte immer einen haben, weil die so putzig sind«, sagt Holger. »Allein wie die gehen, wenn man sie von hinten sieht!« Und Frank ergänzt: »Ihr lustiges Aussehen, das Disharmonische, der lange Körper, die kurzen Beine, steht in deutlichem Kontrast zu ihrem Wesen: Der Dackel an sich hält sich für das Tollste überhaupt.«

Optisch ähneln sich Hunde und Herrchen nicht sonderlich, auch wenn beide die Haare kurz tragen und ein bisschen unrasiert sind. Im Fall von Frank, der die treibende Kraft hinter der Zucht ist – »wenn man schon sonst im Leben wenig Bedeutsames zustande bringt« –, kann man aber wohl von einer Wesensverwandtschaft sprechen. Dackel seien, sagt Frank, »keine tumben Befehlsempfänger wie ...« andere Rassen, die wir hier aus Shitstorm-Angst lieber unerwähnt lassen. Mit Hundefreunden legt man sich besser nicht an. »Dackel diskutieren gern.« Auch Frank hat seinen eigenen Kopf: Dem Vereinswesen hat er vorerst den Rücken gekehrt, nur eine Atempause, sagt er: »Meinungsvielfalt kommt mir da zu kurz.« Frank vermisst eine Offenheit für neue Impulse. »Das Festhalten an Traditionen geht mit der Angst vor Veränderungen einher.« Frank etwa möchte im Sinne der Gesundheitsvorsorge den »Inzuchtkoeffizienten« möglichst niedrig halten, indem Deckrüden nur begrenzt eingesetzt werden – unter Dackelzüchtern offenbar eine ziemlich umstrittene Angelegenheit.

Frank und Holger mögen anders sein als andere Dackelzüchter, ja anders als die im Verein organisierte Mehrheit, sie bleiben aber trotzdem Dackelzüchter. Ganz geheuer ist mir ihr Hobby nicht.

Familiär vorbelastet ist nämlich nicht nur Frank: Als Kind einer Historikerin habe ich meine Probleme mit dem Wort »Rasse«. Ich kann es nicht unbefangen hören, geschweige denn: verwenden. Es ist ein vergiftetes Wort. Egal, in welchem Zusammenhang es gebraucht wird. Ja, für mich auch, wenn es »nur« um Hunde geht.

Damit wir uns nicht missverstehen: Der Einzige, den ich damit in irgendeine Ecke rücken möchte, bin ich selbst. Punkt. Frank sagt: »Ich habe nichts gegen Mischlinge, überhaupt nichts. Ich könnte auch einen Mischling lieb haben.« Ich sage: Ich könnte nur einen Mischling lieb haben. Schon aus Prinzip käme für mich kein Rassehund infrage. Wegen des Wortes, und weil ich es ablehne, viel Geld für ein Tier auszugeben, während im örtlichen Tierheim so viele auf ein neues Zuhause warten.

Hunde aus dem Heim seien »psychische Wundertüten«, sagt Frank, womit er sicherlich recht hat. Hunde selbst zu züchten minimiert das Risiko von Auffälligkeiten und Krankheiten, Frank spricht von »genetischen Prädispositionen«. Natürlich nehme man zur Paarung »nicht den Dackel aus der Nachbarschaft«, sondern suche sich aus Verzeichnissen einen passenden Deckrüden heraus (250 bis 400 Euro ist dessen Werk wert).

Hundezüchter überlassen nichts dem Zufall, ja spielen Gott, zumindest ein bisschen. Mir behagt das nicht. In Zusammenhang mit »guter Ernährung und viel Bewegung« steht einem langen Hundeleben so kaum etwas im Wege. Höchstens mal ein Auto, auch das haben Frank und Holger schon erlebt. Dackel seien begrenzt erziehbar und daher »potenzielle Suizidkandidaten«, bemerkt Frank trocken – die Schattenseite ihrer Selbstständigkeit und Charakterstärke: »Im Fuchsbau, da muss der Hund schließlich alles selbst entscheiden.«

Während er über das Wesen des Dackels referiert, haben sich drei davon auf seinem Schoß zu einem Haufen geschichtet. Reglos liegen sie da, nur gelegentlich quittiert einer die gewährten Streicheleinheiten mit einem wohligen Grunzen. »Wenn wir abends auf der Couch sitzen, sitzen auch vier Dackel auf der Couch«, sagt Holger. »Und ja« ergänzt Frank, »um deine Frage vorwegzunehmen: Sie schlafen mit im Bett.« Aber: »Wenn sie nerven, fliegen sie raus.« Als Kinderersatz möchten sie die Tiere nicht missverstanden wissen, »Familienergänzung« gefällt ihnen besser. Aber unterm Strich sind die vier doch nichts anderes als Kinder, die ihren Willen kriegen, weil sie so verdammt süß sind.

Ich war mal bei einem Auftritt des Comedians Martin Rütter, wo sich erwachsene Menschen zwei Stunden lang darüber schlappgelacht haben, dass ihre Hundekinder ihnen auf der Nase herumtanzen. Mehrere Tausend erwachsene Menschen. Lachen ist die beste Therapie. Sie waren selig, von einem Gleichgesinnten die eigene gelebte Inkonsequenz um die Ohren gehauen zu bekommen. Ich war – wie soll ich das sagen? – amüsiert? Irritiert? Schockiert? Irgendwas dazwischen, von allem ein bisschen. Nach diesem Abend habe ich mich ernsthaft gefragt, warum noch keine Partei Hunde als Wahlkampfthema für sich entdeckt hat, na ja, außer der Tierschutzpartei und ähnlichen militanten Randgruppen.

Wäre vielleicht eine schöne Idee für die FDP, um den Weg in die Mitte der Gesellschaft zurückzufinden – weil eh keiner mehr weiß, wofür die Partei steht, könnte sie sich auch gleich in »Friss Dein Pedigree« umbenennen. Oder besser noch: »Friss Deinen Pansen.«

Denn Industriefutter kommt bei wahren Hundefreunden natürlich nicht in den Blechnapf. Der Speiseplan der Dackel von Holger und Frank besteht aus Rohfleisch, Obst, Gemüse, Reis, vielleicht noch ein gestampftes Ei dazu. Trockenfutter bekommen sie höchstens mal im Camping-Urlaub. Wie alle Kinder sind die Hunde »ganz scharf auf Junk Food« wie Kaustreifen und Frolic-Häppchen. Auch diese Gelüste befriedigen die Herrchen hin und wieder. Dreimal täglich Gassi gehen ist sowieso Ehrensache – mindestens. »Ich habe ständig einen Hund an der Leine«, sagt Holger, der als Künstler und Musiker für die Tagesbetreuung zuständig ist, während Frank im öffentlichen Dienst das Rohfleisch verdient. Holger: »Alleine gehe ich nicht mehr auf die Straße.« Wenigstens einer der Hunde sei immer dabei.

»Alles für den Dackel«, der »Hausmeister Krause«-Spruch hat wohl doch mehr mit Holger und Frank zu tun, als ihnen lieb sein dürfte. »Vielleicht sind wir besonders soziale Menschen, die immer jemanden brauchen, den sie betüddeln können«, versucht Frank die Fürsorge, man könnte auch sagen: Aufopferung, für die Hunde zu erklären. Mein Eindruck: Diese vier Dackel sind der Mittelpunkt ihres Lebens. Ich möchte nicht mit ihnen tauschen. Mir wäre das zu viel. Genauso wie ich Eltern bewundere, die Kinder kriegen und erziehen, ohne ein großes Gewese darum zu machen, sind mir auch Menschen lieber, die beiläufig Hunde haben. Ein Hobby ist kein Lebensinhalt – oder sollte zumindest keiner sein. Wenn es doch dazu wird, ist es kein Hobby mehr, sondern geht eher in Richtung Obsession. Und obsessive Menschen machen mir ein bisschen Angst. Sie haben den Sinn des Hobbys ins Gegenteil verkehrt. Es kann ihnen passieren, dass sie nicht ausgeglichen sind, weil ihnen der Ausgleich fehlt, den so ein Hobby ja eigentlich bringen soll. Klar muss jeder selbst entscheiden, wie viel Energie er in sein Hobby steckt, wie viel Platz er ihm einräumt, Frank und Holger jedenfalls wirken sehr happy mit ihren Dackeln, aber für meinen Geschmack übertreiben sie es ein bisschen. Und mein Geschmack ist zumindest hier – ausnahmsweise – mal ausschlaggebend. Um Missverständnissen vorzubeugen: Ich mag Hunde, könnte mir generell auch vorstellen, einen zu haben – aus dem Tierheim natürlich! –, aber, wie gesagt, eher so nebenbei. Und sicher keinen Dackel. Allein schon wegen des Größenunterschieds.

Als ich wieder gehe, interessiert das die Dackel nicht im Geringsten. Kein Bellen, kein Hochspringen, keinerlei Reaktion. Es ist zwar höchstwahrscheinlich Unsinn, aber für einen Moment bilde ich mir schon ein, dass sie mir bewusst die kalte Schulter zeigen. Können Dackel Gedanken lesen?

Der Hobbyist rät:

Besuchen Sie die Website des Deutschen Teckelklubs 1888 e. V. (dtk1888.de) und Sie werden verstehen, warum ich mit der Dackelzucht fremdle: »Satzungsgemäß fördert der DTK alle Bestrebungen, den Teckel mit einem formvollendeten Körper zu züchten«, heißt es da, »sein ursprüngliches Wesen zu erhalten und seine jagdlichen Eigenschaften zu pflegen, um der waidgerechten Jagd und damit dem Schutz des Wildes zu dienen.«

E wie Ehrenamt

(hätte auch elektrische Eisenbahn werden können)

Ich habe jemanden kennengelernt. Sie heißt Sigrid und ist 77. Ich weiß, eigentlich fragt man Damen nicht nach ihrem Alter, aber sie hat sich überhaupt nicht geziert. Wir sehen uns jetzt hoffentlich öfter.

In einem Kreuzberger Souterrain waren wir zum Essen verabredet. Gut, ganz allein sind wir nicht, außer uns sind noch etwa 15 andere Menschen im Raum, aber die beachten wir schnell gar nicht mehr, so sehr sind wir ins Gespräch vertieft, die Sigrid und ich.

Es ist eine Art Blind Date. Die Kuppler vom Verein »Freunde alter Menschen« haben uns zusammengebracht – zunächst mal nur für ein Mittagessen. Bei gegenseitiger Sympathie kann aber ausdrücklich auch mehr daraus werden. Kann. Ganz unverbindlich: Alles kann, nix muss. So ist das hier, wie im Swingerclub.

Damit alle etwas lockerer werden, wird zum Aperitif Prosecco ausgeschenkt und später Weißwein. Ich helfe. Keiner hat mich darum gebeten, ich weiß einfach, was sich gehört. Und wenn Sigrid Wein will, bekommt sie Wein. Ihr Wunsch ist mir Befehl. Jaha, so bin ich, ganz alte Schule in einem halbjungen Körper.

Die meisten Leute haben ja heutzutage ein Problem damit, sich bedienen zu lassen. Nicht so Sigrid. Die Schmerzen in ihrem linken Bein lassen sie mit dem Rollator vielleicht noch 200 Meter gehen, dann braucht sie eine Pause; wie die meisten hier wurde sie zu Hause abgeholt und wird am frühen Nachmittag zurückgebracht. Bis dahin gehört sie mir, zwei Stunden lang.

Oder eher: zwei Stunden kurz. Denn die vergehen wie im Flug. Die Vorspeise wird aufgetragen, auch dabei helfe ich: Es gibt italienischen Aufschnitt und Brot. Aufmerksam höre ich Sigrid zu, wie sie aus ihrem Leben erzählt, vor allem von den Reisen, mit der Familie, aber nach dem Tod ihres Mannes auch allein. Mit einem ihrer beiden Söhne war sie sogar in New York, »obwohl ich da eigentlich gar nicht hinwollte«, die vielen Menschen, die Wolkenkratzer, »aber dann war es doch wunderbar«. Nun verreist sie nur noch in Europa, zweimal im Jahr, gerade erst war sie wieder in der griechischen Heimat ihres Mannes.

Was mir an Sigrid so gefällt: Sie lebt nicht nur in ihrer Vergangenheit, höchstens mit einem Bein vielleicht, mit dem anderen aber voll und ganz im Hier und Jetzt. Sie sagt: »Ich glaube, ich könnte meinen Lebensabend nicht schöner verbringen, als ich es tue.« Davor kann ich mich nur verneigen. Menschen meines Alters sind praktisch nie so im Reinen mit sich und ihrem Leben wie Sigrid, wollen immer das, was sie gerade nicht haben. Ich könnte Sigrid für diese Genügsamkeit herzen und küssen.

Beim Rauchen vor der Tür (er, nicht ich!) komme ich mit Corrado ins Gespräch. Der 29-jährige Schweizer promoviert in Mikrobiologie und ist auch erst zum zweiten Mal hier. »Das ist aber ein neues Gesicht«, kommentierte eine Dame bei ihrer Ankunft freudig. Es war nicht ganz klar, ob sie ihn meinte oder mich. Egal: Je mehr, desto besser. Es herrscht Männermangel hier. Die durchschnittlich niedrigere Lebenserwartung macht sich bemerkbar. Beste Voraussetzungen also für uns. Auch Corrado ist auf der Suche nach etwas Festerem, hofft darauf, hier jemanden kennenzulernen, den er wiedersehen möchte. Und umgekehrt.

Das Wort, das er dafür benutzt, »Besuchsdienst«, behagt mir aber nicht. Es klingt ungefähr so wenig lustbetont wie »Wehrdienst«, nach einer lästigen Pflichtübung, bei der man Besuchen lernt. Er komme vorrangig her, »um Leuten zu helfen, nicht um Spaß zu haben«, sagt er. Aber auch: »Wenn die Rahmenbedingungen nicht mehr passen sollten, ich mich mit der Partnerin oder dem Partner nicht verstehe oder falls ich mich vom Verein nicht ausreichend unterstützt fühle, würde ich aufhören.« Hat Corrado etwa schon jemanden im Auge? Von Sigrid soll er bloß schön die Finger lassen! Sigrid gehört mir!

Es passt ins Bild, dass er sein exotisches Faible – wer in unserem Alter interessiert sich sonst schon für alte Menschen? – auf meine Nachfrage hin nicht als Hobby einstufen würde. Das empfände er als »eher erniedrigend« der Partnerin beziehungsweise dem Partner gegenüber. Aber wieso denn? Was bitte soll daran erniedrigend sein, gemeinsam ein bisschen Spaß zu haben? Das eigene Hobby kann doch auch anderen nützen – muss nicht sein, kann aber.

Wir gehen wieder rein. Am Nebentisch fragt jemand Corrado, ob er Informatiker sei. »Die meisten hier sind Informatiker.« Corrado verneint und erklärt geduldig, was Mikrobiologen machen. Noch ein Gesprächsfetzen weht herüber. »Als ich in Italien war, haben wir öfter mal eine Pizza gegessen«, erzählt eine Dame, offenbar inspiriert vom Hauptgang, einem Nudelauflauf. Ein Satz aus einer anderen Lebenswirklichkeit, in der Pizza noch etwas ungemein Exotisches ist. Auch wenn ich Sigrid wegen eines Satzes natürlich niemals untreu würde, so bin ich doch hingerissen: Wie häufig hört man so eine Bemerkung, wenn man sich nur mit Menschen seines Alters umgibt?!

Ich erinnere mich an eine Dame, die in der Nähe meiner früheren Wohnung in Prenzlauer Berg immer ihr Hündchen ausgeführt hat. Auch sie war klein und für die Gegend unanständig alt. Ein Alien, gelandet im Kinderwagenwunderland Helmholtzplatz. Leider habe ich sie nie angesprochen. Ich hätte mit ihr gern über die Veränderungen im Kiez durch den Zuzug von jungen Leuten wie mir gesprochen. Darüber hätte sie sicher einiges erzählen können. Aber ich hatte Angst, dass sie das in den falschen Hals kriegen, sich als Kuriosum missbraucht fühlen würde. Ja, wahrscheinlich ist das Quatsch. Ich kann mir gut vorstellen, dass viele Gespräche aus ähnlichen Gründen nie zustande gekommen sind, hoffe aber, dass nicht alle so bescheuert waren wie ich. Denn ohne es zu wollen habe ich ihre Isolation durch meine übertriebene Rücksichtnahme noch verstärkt.

Ob sie noch lebt? Ob sie sich noch wundert über die Sprachlosigkeit ihr gegenüber?

In einer Großstadt wie Berlin lebt jeder in seiner Welt. Je zentraler und angesagter der Kiez, desto homogener die Bewohner: Alter, Einkommen, Lebensmodell. Im eigenen Saft zu schwimmen ist die Regel und das Ideal. Die meisten wollen ihre Blase gar nicht verlassen, wer es will, muss sich aktiv darum bemühen, wie die Freunde alter Menschen, die ich bei diesem Mittagessen treffe. An unseren Tisch gesetzt hat sich auch Antonia, 36, ledig, kinderlos, Drehbuchautorin und Nanny, der »bewusst geworden« sei, »wie viel wertvolle Zeit ich ohne eigene Familie habe«. Davon sollen nun andere profitieren und damit auch sie selbst: »Es macht mich einfach glücklich, für andere da zu sein.« Das Tiramisu zum Nachtisch ist von ihr.

Was für eine schöne Vorstellung: Die, die noch niemanden haben, kümmern sich um diejenigen, die keinen mehr haben (und umgekehrt natürlich). Eigentlich passen solche Tandems perfekt in unsere Single- und Seniorengesellschaft. Doch offenbar sind die Berührungsängste groß. Auf drei »Alte« kommt beim Mittagessen etwa ein »Junger«. Die »Freunde alter Menschen« freuen sich immer über »Frischfleisch«.

Aber zurück zu Sigrid: Nachdem ich ihr noch einen Nachschlag aus der Küche geholt habe, erzählt sie von den Feiern zu ihrem 70. und 75. Geburtstag, für die sie jeweils ein minutiös ausgetüfteltes mehrstündiges Programm vorbereitet hatte, vorbestellte Taxishuttles zur nächsten Location inklusive. »Ich plane gern«, sagt sie. »Früher kam ich immer auf den letzten Drücker, heute stehe ich schon ne halbe Stunde vor der Zeit da.« An ihrem 77. Geburtstag war sie »nur« mit ihren Söhnen in einem Berliner Luxushotel essen. Am 78. könnte ich an ihrer Seite sitzen. Was ist schon ein Altersunterschied von 45 Jahren! Und 77 ist doch heutzutage kein Alter mehr. Aus jedem von

Sigrids Sätzen spricht eine unbändige Neugier auf das Leben. Wenn nur das verfluchte Bein nicht wäre.

Als Sigrid mir schließlich ein Kompliment zu meinen blauen Augen macht, ist es endgültig um mich geschehen. Ich werde sie besuchen in ihrem Seniorenstift und ich werde Wein mitbringen. Wenn sie will, laufe ich für sie auch zu Fuß bis in den nächsten Supermarkt. Die Frage ist nur, ob Sigrid überhaupt Zeit für mich hat: Jeden Morgen geht sie schwimmen, am Donnerstagmorgen hat sie außerdem Hockergymnastik, Freitagnachmittag wird vorgelesen. Hinzu kommen all die unregelmäßigen Veranstaltungen, nach denen sie Broschüren und Blättchen durchforstet. Neulich erst war sie in Riesa, eine Nudelfabrik besichtigen. »Ich hab nen Kalender«, sagt sie, »sonst käme ich durcheinander mit all meinen Terminen.«

Ist Sigrid nicht wunderbar?

Der Hobbyist rät:

Augen auf! Um jemandem Gutes zu tun, brauchen Sie nicht unbedingt einen Verein. Auch in Ihrer Nachbarschaft oder Ihrem Bekanntenkreis gibt es Menschen, die Ihre Hilfe gebrauchen können.

F wie Facebook

(hätte auch Fliegenfischen werden können)

Neuerdings bin ich mit lauter Giraffen befreundet. Erwachsene Menschen, intelligente zumal, sind auf ihren Profilbildern nicht wiederzuerkennen. Wo man kürzlich noch in offene, sympathische, lächelnde Gesichter schaute, glotzen einem jetzt etliche gelblich-braune Langhälse mit hängenden Zungen entgegen. Facebook ist seinem heimlichen Unternehmensziel, die Welt in einen noch größeren Kindergarten zu verwandeln, wieder einen Schritt näher gekommen.

Mit den früheren Profilbildern haben die Giraffen zumindest eins gemein: Nichts wird dem Zufall überlassen. Eine Freundin hat eine fettleibige Giraffe ausgewählt, eine andere eine im Bilderbuch-Look. Die Giraffen sind handverlesen. So viel individuelle Ästhetisierung ist man seinem Profil schuldig, dieser ständigen Vertretung des eigenen kleinen Lebens im Internet.

Ungewöhnliche Profilbilder sind nichts, nun ja, Ungewöhnliches. Als Loriot starb, hatte ich eine Zeit lang Opa Hoppenstedt als Profilbild, eine Art letzter Gruß an den Künstler. Die interessantesten Selbstporträts sind ja oft diejenigen, auf denen man selbst gar nicht zu sehen und doch zu erkennen ist. Dada-uff-dada-uff-dada-uff-tata!! Aber muss es gleich eine Giraffe sein?!?

Es hat irgendwas mit einem Rätsel zu tun. Wer es nicht lösen kann, muss drei Tage lang eine Giraffe sein. Und das Rätsel kettenbriefmäßig weiterverbreiten, glaube ich. Ich habe nicht mitgemacht. Es interessiert mich nicht. Aber das ist ja das Schöne an Facebook: Man kann sich für alles, muss sich für gar nichts interessieren – Hochzeiten, Todesfälle, Marathonläufe – und hat trotzdem das Gefühl, dabei zu sein, irgendwie. Quasi im Vorbeigehen verteilt man Likes und wirft – nach Zustimmung, ja, Applaus heischend – Kommentare in die Runde. Oder man lässt es. Auch egal. Und wenn einem jemand richtig auf den Geist geht, sagt man demjenigen nicht etwa die Meinung. Man blockiert ihn einfach, ohne dass er es mitbekommt. Und schon hört man nichts mehr von ihm, bleibt aber trotzdem »befreundet«. Toll, was? Wie herrlich bequem! Warum Konflikte austragen, wenn man sie auch wegklicken kann?

Das geht im richtigen Leben ja leider nicht. Facebook ist ein Eldorado für Konfliktvermeider.

Weil so viele meiner 785 Facebook-Freunde – Tendenz natürlich (!) steigend – freiwillig Stunden und Tage bei Facebook verdaddeln, habe ich ihnen die nahe liegende Frage gestellt, ob Facebook für sie »ein Hobby oder eher ne schlechte Angewohnheit« ist. Drei Freunden gefällt das. Acht – nur acht! – haben den Beitrag kommentiert, einer sogar zweimal. Wenn ich schon über Facebook schreibe, dachte ich mir, binde ich meine Facebook-Freunde ein, um das ganze Potenzial von Social Media auszureizen. Das Ergebnis, nun ja … aber lesen Sie doch einfach selbst (dauert auch nicht lange): »Schlechte Angewohnheit … ähnlich dem Kauen auf Fingernägeln aus Verlegenheit«, »Weder noch«, »Zeitkiller«, »Für manche ist es Berufung«, »Hobby!«, »Für mich ist es in erster Linie eine Kommunikationsform wie Brief, Telefonat, SMS oder E-Mail. Längst angereichert um Firmen, Vereine, Persönlichkeiten, denen ich gestatte, mich auf dem Laufenden zu halten«, »Es geht irgendwann nicht mehr ohne Social Media. Wer nicht mitmacht, ist von gestern. Schmunzeln«, »Mission« und last but not least »Notwendiges Übel«. Am beliebtesten übrigens mit fünf »Gefällt mir«-Angaben war der Kommentar »Weder noch« – aha, is klar, na vielen Dank! Was wäre ich bloß ohne meine Facebook-Freunde?!

Unverbesserliche posten trotzdem ohne Unterlass Petitionen oder sonstige Aufforderungen zu politischem Handeln. Das wollte ich mal ausprobieren. Also teilte ich den Beitrag eines Facebook-Freundes, zehn konkrete Handlungsempfehlungen zur Rettung der Welt des Promisoziologen Harald Welzer. Ein guter, relevanter Text. Es war der größte Flop meiner Facebook-Historie. Kein einziger Kommentar, nur ein Like – von ebenjenem Facebook-Freund, dem ich den Link verdanke. Auf Facebook kann Welzer bei der Weltrettung nicht zählen. Zu dem wenigen, was neben dem üblichen Prokrastinationsquatsch hier rasende Verbreitung findet und gern geliket wird, gehören rührselige Sozialkitschgeschichten von Empathie und Mitmenschlichkeit – ausgerechnet in der Empathiesimulationsmaschine Facebook.

Neulich hat sich ein älterer Freund darüber ereifert, warum die mehr als eine Milliarde Nutzer weltweit von Facebook keine Beteiligung an den mit ihren Daten erwirtschafteten Gewinnen verlangen. Die niederschmetternde Antwort: Es interessiert sie nicht (genug). Sie sind die Ware, mit der Facebook handelt, und sie sind es gern. Wer womit wie genau wie viel Geld verdient, ist ihnen zu komplex. Für die meisten ist es einfach ein schöner Spielplatz, der immer größer und bunter wird (inzwischen kann man sich nicht mehr nur Smileys und Einladungen zum Spielen schicken, sondern auch putzige Kätzchen-Emoticons!). Die meisten nutzen Facebook ohne jegliches Bewusstsein dafür, dass im Gegenzug auch sie benutzt werden. Facebook mag kostenlos sein, umsonst ist es nicht.

Ich bin wie sie. Ein kritikloser, williger Jünger Mark Zuckerbergs. Mit mir kann man es machen. Es ist keine Gegenwehr zu erwarten. Höchstens ein bisschen, denn für diesen Text habe ich zum allerersten Mal überhaupt meine Kontoeinstellungen überprüft: Wer sieht meine Urlaubsfotos? Meine Telefonnummer? Hin und wieder posten ja Freunde, was Facebook schon wieder zu Ungunsten der Nutzer verändert hat. Es ist wirklich schizophren, dass auch diejenigen, die das rumschicken, nicht sofort ihr Konto schließen (was gar nicht so einfach sein soll, wie ich gehört habe). Ich ignoriere diese Warnungen immer. Wird schon nicht so schlimm sein. Master Mark wäre stolz auf mich.

Alle Einstellungen zu verstehen und zu kontrollieren – nichts Skandalöses entdeckt übrigens – hat etwa eine halbe Stunde gedauert. Gar nicht so lang eigentlich und doch komplett inkompatibel mit der Facebook-Nutzung. Wer setzt sich schon in Ruhe hin, um sein Facebook-Profil zu pflegen? Facebook ist kein gutes Buch, entspricht eher einer Wand voller Klosprüche, Lektüre für zwischendurch, passgenau zugeschnitten auf ADHS-Patienten wie mich und eine Milliarde andere.

Womit die Frage auch schon fast beantwortet wäre, ob Facebook ein Hobby ist. Für mich eher nicht. Und für die meisten anderen auch nicht, denn die wenigsten widmen sich bewusst, ausschließlich und womöglich gar regelmäßig ihrem Facebook-Account. (Den Ausnahmen, die mir bekannt sind, wünsche ich von Herzen ein anderes Hobby.) Das Gegenteil ist der Fall: Facebook ist komplett unverbindlich und gerade deswegen so anziehend. Es will gar nicht mehr sein als ein flüchtiger Flirt sein. Mit Treue hat es nichts am Hut. Das einzige Bekenntnis, das man mit der Registrierung abgibt, ist das zum Geschäftsmodell von Mark Zuckerberg.

Das Tolle am Schreiben über Facebook ist, dass man damit eine Rechtfertigung hat, das Browserfenster offen zu lassen, ja es geradezu offen lassen MUSS, sonst ein Tabu … Moment mal: Was ist das? … Wie bitte?! … Sorry, ich muss das kurz kommentieren … Gedenkt der noch mal zu antworten? … Nicht dein Ernst! Mehr fällt dir dazu nicht ein? … Sehen die anderen offenbar auch so, schon vier Likes! … So, da bin ich wieder … Wo waren wir? Ach so, ja: … sonst ein Tabu, wenn man nur einen klaren Gedanken fassen will. Facebook holt uns bei unseren Schwächen ab und bedient sie perfekt: das Narzisstische, Sensationsgeile, Unkonzentrierte, Vergessliche, Klatschsüchtige, Heuchlerische, Vorlaute, Kindische. Facebook nimmt uns sogar die Verantwortung ab, an Geburtstage von Freunden denken zu müssen. Wir müssen nicht mal anrufen oder eine Mail schicken, sondern können das gleich hier erledigen, schnell Glückwünsche an die Chronik schreiben oder, als Zeichen besonderer Wertschätzung, sogar eine persönliche Nachricht, kurz »PN«.

Ziemlich ausgestorben ist dagegen komischerweise das »Anstupsen«: War dann wohl als Geste virtueller Aufmerksamkeit selbst für Facebook-Nutzer zu läppisch, zu durchsichtig-oberflächlich.

Der ebenfalls recht läppische »Gefällt-mir«-Button dagegen erfreut sich so großer Beliebtheit, weil er eine Welt ohne Hass suggeriert. Dem für einen bestimmten Kommentar oder einen geposteten Link Geliketen vermittelt er das gute Gefühl, nicht allein zu sein, darüber hinaus originell, witzig, klug, ein Musik-, Film- oder Lebensauskenner, womöglich gar alles zusammen. Jedes Like ist eine kleine Streicheleinheit fürs Ego – in seiner verschwenderischen Verbreitung zwar völlig unerheblich, aber schön, irgendwie wärmend für den Augenblick.

Und genau um den geht es ja bei Facebook: Hier findet man Zuflucht vor der Welt da draußen, die man nur durch die Filter seiner eigenen Wahrnehmung und die seiner Freunde hereinlässt (also der nicht-blockierten). Das ist das Facebook-Gefühl: Nachher ist egal. Gerade ist gut. Facebook ist eine Feier des Moments. Und wer damit ein Problem hat, ist ein Spielverderber.

Der Hobbyist rät:

Echte Fründe ston zesamme – in der Kneipe, beim Bier. Versuchen Sie das mal bei Facebook!

»Wir Deutschen kriegen unheimlich schwer unseren Hintern hoch.«

Ein Gespräch mit dem Freizeitforscher Ulrich Reinhardt

Vom Freizeitwert her ist die Lage kaum zu toppen: Ulrich Reinhardts Büro liegt direkt am Alsterufer, mitten in der Hamburger Innenstadt und doch schön grün (vor allem aber blau), der Botanische Garten und der Alsterpark liegen um die Ecke, das Ufer ist eine beliebte Joggingstrecke. Reinhardt, Jahrgang 1970, empfängt mich in seinem schmucklosen Glaskastenbüro. Seit 2011 ist der Erziehungswissenschaftler und Psychologe Wissenschaftlicher Leiter der BAT-Stiftung für Zukunftsfragen, zur Institution geworden durch seinen Vorgänger Horst W. Opaschowski. Weil natürlich alle gern wüssten, was die Zukunft so bringt, hat Reinhardt viel zu tun – in der Stiftung, als Professor in Salzburg, als Vortragsreisender, als Experte für Politik und Medien. Sein Job ist es, darüber Bescheid zu wissen, was Menschen tun (und tun werden), wenn sie nicht gerade arbeiten. Das Kuriose: Je besser er das macht, desto weniger Freizeit hat er selbst. Der Leidenschaft, mit der er über sein Lebensthema spricht, tut das aber keinen Abbruch.

Herr Reinhardt, haben Sie ein Hobby?

Wenn ich mal wirklich den Kopf freibekommen möchte und etwas tun will, was einfach nur Spaß macht, dann gehe ich in meinen Keller und spiele an einem alten Flipperautomaten.

Was ist so toll am Flippern?

Zum einen sicherlich der Anreiz, etwas zu schaffen, was man vorher noch nicht geschafft hat, die Kugel also möglichst lange im Spiel zu halten und seinen Punktescore zu verbessern. Andererseits genieße ich es, mich in eine Tätigkeit fallen zu lassen, ohne groß drüber nachzudenken, was ich da tue, und einfach die Zeit zu vergessen.

Wie würden Sie als Freizeitforscher den Begriff »Hobby« definieren?

Als ein Steckenpferd. Also als etwas, dem man freiwillig und mit Leidenschaft – als unterhaltendem Zeitvertreib – in seiner Freizeit frönt. Es ist jedoch schwierig, bestimmte Aktivitäten per se als Hobby zu definieren, weil jeder Einzelne Aktivitäten unterschiedlich bewerten würde: Für die einen ist Stricken zum Beispiel ein Vergnügen, für andere eine Qual. Der eine bewertet Briefmarkensammeln als spannend, der andere als langweilig.

Können wir uns darauf einigen, dass der Gang ins Fitnessstudio kein Hobby ist?

Dem würde ich persönlich zustimmen.

Warum?

Fast jeder Besucher geht ins Fitnessstudio, um etwas Konkretes zu erreichen: den Körper zu stählen, etwas für die Gesundheit zu tun, zur Prävention oder um jemanden kennenzulernen. Es steht also der Zweck im Vordergrund, nicht der Spaß.

Wie steht es um das Hobby in Deutschland?

Das Hobby bleibt wichtig. Auch da man sich zunehmend seltener über die Erwerbsarbeit identifiziert. In der Folge suchen sich die Bürger Identifikationsmöglichkeiten in der freien Zeit. Von den Nachbarn, Freunden oder Kollegen holt man sich so seine Anerkennung für das, was man während seiner Hobbyzeit geschaffen hat, sei es als Rosenzüchter oder Computerspezialist.

Sie sehen also eine Identifikationskrise mit der Arbeitswelt, von der das Hobby profitiert?

Krise klingt mir zu negativ. Dass unsere Lebenserwartung zu- und unsere Lebensarbeitszeit abnimmt, ist allerdings ein Fakt. Wer 40 Jahre voll erwerbstätig ist, arbeitet heute insgesamt nur noch zehn Prozent seiner Lebenszeit. Bis vor 100 Jahren war Arbeiten dagegen tatsächlich das halbe Leben. Daneben blieb fast nur noch die Zeit für die Grundbedürfnisse: Essen und Trinken sowie Regeneration. Eine große Änderung hat dann in den Sechzigern stattgefunden. Die Fünf-Tage-Woche setzte sich fast flächendeckend durch, die Familien wurden kleiner, die Gesellschaft individualisierte sich, eine Freizeitindustrie entstand – auch mithilfe des Hobbys.

Beobachten Sie beim Stellenwert des Hobbys einen Unterschied zwischen höher und niedriger Gebildeten?

In der Freizeit ist es generell so: Je höher der Bildungsgrad, desto aktiver sind die Leute etwa im Kulturbereich, beim Sport oder Ausgehen. Beim Hobby ist es jedoch andersherum. Je niedriger die formale Bildung ist, desto eher ist man einem Hobby zugetan.

Hat das Imageproblem des Hobbys mit diesem Arme-Leute-Makel zu tun?

Ja, auch. Ungeachtet dessen, dass der Begriff fast zu einem Begriff der Vergangenheit geworden ist, hat es jedoch für denjenigen, der es ausübt, einen konstant hohen Stellenwert. Dass der Begriff Hobby in den letzten 20, 30 Jahren so sehr an Bedeutung verloren hat, hat viel damit zu tun, dass die Möglichkeiten, seine Zeit zu verbringen, immer vielfältiger geworden sind. Als ich ein Kind war, hatten zig Mitschüler nur ein bestimmtes Hobby: mit Matchboxautos spielen, Laubsägearbeiten oder Barbiepuppen zum Beispiel. Diesem Hobby sind sie jahrelang treu geblieben, auch weil es sonst kaum etwas gab. Das können sich heutige Schulkinder kaum mehr vorstellen. Oder nehmen Sie das Beispiel Fernsehen: Bis in die Mitte der 1980er-Jahre gab es nur drei Programme, die Nationalhymne um Mitternacht, dann ein Testbild bis zum nächsten Morgen. Wenn Sie das einem jungen Menschen erzählen, kann der sich das kaum vorstellen. Der schwere Stand des Hobbys hat demnach auch viel mit den heute fast unbegrenzten Möglichkeiten zu tun. Und wenn es früher hieß, eine Sache zu einer Zeit, heißt das Zauberwort heute wohl eher Multitasking.

Und das führt dazu, dass die Bereitschaft nachlässt, einen Nachmittag nur einer Sache zu widmen?

In der Tat. Der typische Deutsche braucht alle zwei Stunden einen neuen Reiz. Deshalb leben wir fast in einem zwei-Stunden-Rhythmus – der Fernsehfilm dauert zwei Stunden, das Fußballspiel, Verabredungen mit Freunden, die Theateraufführung oder das Training im Fitnessstudio. Dann werden wir geradezu nervös und wollen etwas Neues erleben. Oder wir behelfen uns, indem wir verschiedene Dinge zeitgleich erledigen – während wir fernsehen, wird gekocht oder gegessen, telefoniert oder gelesen, gebügelt oder geschlafen. In die knappe Ressource Zeit wird immer mehr reingepresst. Das Hobby wirkt so – mit seiner ungeteilten Konzentration auf eine Sache – im besten Sinne altmodisch.

Der »Freizeit-Monitor 2013«, die jährliche Studie Ihrer Stiftung, hat mich deprimiert: Danach verbringen die Deutschen ihre Freizeit lieber allein als in der Gruppe, lieber mit Nichtstun als großen Unternehmungen. Sowohl das Soziale als auch das Aktive scheinen ein Problem zu haben.

Das stimmt. Der typische Freizeitalltag eines Deutschen sieht so aus: Er arbeitet, kommt nach Hause, isst, macht noch ein bisschen was im Haushalt und lässt sich dann passiv vom Fernseher berieseln, bevor er ins Bett geht, um am nächsten Tag wieder fit zu sein. Man darf nicht vergessen: Entspannung und Erholung ist das Grundmotiv der Freizeit – Regeneration von und für die Arbeit. Wenn wir also abends noch mal von der Couch aufstehen, ist das das Highlight der Woche, wenn nicht gar des Monats. Es gibt keinen Bundesbürger, der täglich ins Kino oder ins Theater geht. Es gibt auch kaum jemanden, der täglich Sport treibt. Das sind die absoluten Ausnahmen. Wir Deutschen sind und bleiben Gewohnheitstiere. Unter der Woche wollen wir der Entspannung frönen und uns das Besondere fürs Wochenende aufheben. Über das dann Erlebte identifizieren wir uns, das Wochenende liefert den Bürogesprächsstoff für den Montag, getreu dem Motto: »Wenn ich dir erzähle, was ich am Wochenende erlebt habe …« Fürs Hobby ist das nicht gerade zuträglich, da Stricken nur bedingt berichtenswert ist.

Aber würde es das Leben nicht bereichern, wenn man seine Freizeit auch unter der Woche aktiver gestalten würde? Zwei Stunden Flippern ist doch unterm Strich genauso erholsam, wenn nicht gar erholsamer als ein vor dem Fernseher vergeudeter Abend, oder?

2012 haben wir für den »Freizeit-Monitor« abgefragt, was die Deutschen gern häufiger in ihrer Freizeit tun würden. Die Top 3: Spontan tun, was mir gerade im Kopf rumschwebt. Mehr schlafen. Mehr Sex. In den Top 10 sonst nur soziale Dinge: Öfter die Enkel treffen. Öfter mit den Kindern was unternehmen. Mit Freunden ausgehen. Mehr Zeit zum Fernsehen oder Im-Internet-Surfen wollte dagegen kaum jemand. Darin offenbart sich das deutsche Grundproblem: Wir tun uns unheimlich schwer damit, unseren Hintern hochzukriegen, viel schwerer etwa als die Südeuropäer. Jetzt könnte man es sich einfach machen und das aufs Wetter schieben, und sicherlich spielen klimatische Bedingungen auch eine Rolle, aber es ist und bleibt trotzdem typisch deutsch: Unser hohes Arbeitsethos rückt die Erholung am Feierabend in den Vordergrund und hält uns unter der Woche davon ab, das zu tun, was wir eigentlich wollen.

Das Arbeitsethos verfolgt uns also bis in die Freizeit?

Ja. Und die Folge ist, sich am Wochenende mehr vorzunehmen, als man eigentlich schaffen kann, was dann wieder in Freizeitstress mündet.

Laut »Freizeit-Monitor 2013« hat die Freizeit pro Tag eine Viertelstunde abgenommen im Vergleich zu 2010. Ist das viel?

Nahezu ein Erdrutsch. Dabei mussten vor allem Jugendliche und Familien mit Kindern Einbußen hinnehmen. Hierbei zeigen sich unter anderem die Auswirkungen der Umstellung von 13 auf 12 Schuljahre bis zum Abitur. In diese Zeit wird jetzt noch mehr reingepackt, und die Eltern machen es nicht besser, wenn sie ihren Kindern zusätzliche Freizeitaktivitäten wie Ballett oder Klavierspielen verordnen. Die Langeweile stirbt so langsam, aber sicher aus und das ist eine Bedrohung für die Kreativität nachwachsender Generationen. Denn Langeweile muss nicht schlecht sein – im Gegenteil: Oftmals entstehen die besten Ideen und Dinge, wenn man nicht weiß, was man eigentlich tun soll, und sich die Zeit nimmt, nachzudenken.

Mein jüngerer Bruder hat noch tage- und nächtelang vor der Legokiste gesessen und drauflosgebastelt.

Da hat er bestimmt viel Spaß gehabt und eine Menge Erfahrungen gesammelt.

Er ist Architekt geworden.

Sehen Sie. Wir fragen die Leute übrigens auch regelmäßig nach ihrem Traumjob. Und ich finde es schon bezeichnend, dass es wieder ein Ideal ist, wie Papa 40 Jahre lang fest angestellt im selben Betrieb zu arbeiten, frei von der Sorge, was nächstes Jahr ist. Dann traut man sich eher, eine Familie zu gründen und ein Häuschen zu bauen. Anders als etwa Ihr Bruder machen die Deutschen tendenziell beruflich nicht immer das, was sie machen möchten, sondern was Sicherheit verspricht. Schade, dass wir uns da nicht weiterentwickeln, es also nur selten schaffen, uns bei der Berufswahl vom Markt zu emanzipieren.

Wo bleibt da die Selbstverwirklichung?!

Die gibt es immer seltener. Die Befriedigung läuft über den ordentlichen, verlässlichen Gehaltsscheck am Monatsende. Wenn das jedoch die Motivation ist, stellt sich im Umkehrschluss die Frage: Schaffe ich es, die Unterforderung und Ödnis des Vernunftjobs in meiner Freizeit zu kompensieren? Die These ist ja nicht neu: dass gerade Leute, die körperlich hart arbeiten, etwa acht Stunden am Fließband stehen, sich zum Ausgleich einem möglichst gestalterischen oder sozialen Hobby widmen.

Die Autorin Svenja Flaßpöhler beobachtet bei Genussarbeitern wie Ihnen und mir, dass »Muße zur Mühsal« wird, man sich geradezu fürchtet vor einer vermeintlich unnützen, als Leere empfundenen Zweckfreiheit – schlecht fürs Hobby, oder?

Ich sehe das Problem eher bei den sozial Isolierten: Wer arbeitssuchend ist oder im Ruhestand und Mühe damit hat, wie er den Tag sinnvoll verbringen soll, kann diesen Zustand natürlich nicht als Muße empfinden, sondern nur als Qual. Das Gefühl, dass das Leben ohne einen stattfindet, ist für Menschen schwer erträglich, befürchten wir doch schließlich alle immer, etwas zu verpassen.

Aber auch die arbeitende Bevölkerung hat hier Defizite. Es ist ein Irrglaube, dass die Bürger das »Kanzlerduell« vorrangig aus politischem Interesse schauen. In erster Linie will man am nächsten Tag im Büro mitreden. Die Sorge, etwas zu verpassen, macht uns rastlos. In der Konsequenz müssten wir quasi öfter dazu gezwungen werden, weniger zu tun. Erste Tendenzen hierfür gibt es ja schon: Manager, die Hotels ohne Handyempfang buchen, um mal wieder runterzukommen, oder auch Ruheabteile in den Zügen. Und während wir früher an der Bushaltestelle einfach standen und warteten, nutzen wir heute jede Sekunde, etwas gefühlt Produktives zu tun, wir telefonieren, schreiben SMS oder hören zumindest Musik. Es kann aber durchaus gut tun, im Bus mal wieder einfach nur aus dem Fenster zu schauen.

Welchen Einfluss hat denn dieses Rund-um-die-Uhr-Erreichbarsein, auch für den Arbeitgeber, auf die Freizeitgestaltung? Mittlerweile gibt es ja sogar die merkwürdige Umkehrung, dass Arbeitgeber ihren Mitarbeitern am Wochenende explizit freigeben, sie weder telefonisch noch per Mail erreichbar sein müssen und sollen.

Auch wenn ich hoffe, dass wir da die Spitze des Eisbergs erreicht haben, bin ich mir nicht ganz sicher, ob das Wochenende wieder »heiliger« wird. Solange es eine Welt gibt, die sich 24 Stunden am Tag dreht, wird es auch die Angst geben, nicht schnell genug darauf reagieren zu können. Außerdem bleibt Erreichbarkeit für viele Deutsche immer noch ein Statussymbol. In vielen Unternehmen waren die Besitzer der ersten Firmen-Handys stolz, sahen das als Auszeichnung und waren in der Konsequenz natürlich auch bereit, ständig erreichbar zu sein. Heute ist es dagegen ja fast schon ein Luxus, sagen zu können: Ich möchte kein Smartphone haben, auf dem ich meine Mails checken kann. Die Verschmelzung von Beruf und Freizeit findet aber auch beim persönlichen Verhalten statt. Wenn wir beide uns abends auf ein Bier treffen würden, um über Fußball zu reden, ginge es ja wahrscheinlich doch irgendwann auch um unsere jeweiligen Jobs. Ist das dann noch wirklich Freizeit? Oder schon ein »Übergriff« der Arbeitswelt? Die meisten sozialen Kontakte entstehen übrigens mittlerweile nicht mehr aus dem Wohn-, sondern aus dem Arbeitsumfeld. Umso wichtiger ist es, Hobbys zu haben, über die man mit Menschen in Kontakt kommt, die nichts mit der eigenen Berufswelt zu tun haben.

Vor allem in Internetunternehmen galt es mal als schick, nach der Arbeit noch auf Kosten des Arbeitgebers am Kicker oder an der Tischtennisplatte Bier zu trinken. Teilen Sie meinen Eindruck, dass das weitgehend ausgestorben ist, weil es ein zunehmendes Bedürfnis nach einer Abgrenzung von Beruf und Freizeit gibt?

Die Zeiten Ende der Neunziger, als es nur ums Team ging, um die Gemeinschaft, gehören definitiv zur Vergangenheit. Zum

Glück, denn man weiß: Je höher der Stellenwert der Kollegen ist, desto stärker leidet die Familie darunter. Aber auch für den Einzelnen ist es kontraproduktiv, nur die Arbeit zu haben – wo sollen denn die Denkanstöße, die Ideen herkommen, wenn man nur noch mit den Kollegen zusammen ist? Aber es gibt derzeit andere Tendenzen von Arbeitgebern, im Leben ihrer Angestellten eine größere Rolle zu spielen: Denken wir nur daran, wie viele Unternehmen mittlerweile Kindergartenplätze anbieten oder ein flexibles Mutterbüro, das ist ja alles gut und schön, total toll für den Einzelnen, birgt aber wieder gesellschaftliche Probleme: Das Kind etwa hat keinen Spielkameraden am Nachmittag mehr, weil der Spielkamerad aus der Betriebskita womöglich ganz woanders wohnt. Aus Firmensicht ergibt das dagegen natürlich Sinn, steigern solche Angebote doch die Identifikation mit dem Unternehmen und machen einen zum produktiveren, loyaleren Arbeitnehmer.

Zum Schluss ein Ausblick: Ist das Hobby noch zu retten?

Wer heute in den Ruhestand geht, hat noch 25, 30 Jahre Leben vor sich. Und die wollen sinnvoll gefüllt werden. Insofern hoffe ich auf eine Wiederentdeckung des Hobbys in dieser Altersgruppe, was dann Jüngeren ein Vorbild sein könnte. Aus unseren Studien wissen wir: Deutlich mehr Menschen würden gern ein Hobby ausüben, als dies tatsächlich tun. Es gibt also ein Bewusstsein für die Vorzüge eines Hobbys. Das ist aber natürlich auch eine Frage der gesellschaftlichen Anerkennung.

Inwiefern?

Nennen Sie mir ein Hobby, das cool ist. Nehmen wir mal an, Sie lernen in der Kneipe eine attraktive junge Dame kennen, die Sie fragt, was Sie in Ihrer Freizeit so treiben. Wenn Sie dann von Ihrer Briefmarkensammlung erzählen, hätten Sie wohl schlechte Karten.

Diese Konzentration auf die Außenwirkung ist doch fatal!

In der Tat – aber es ist nicht einfach, zu seinem Hobby zu stehen. Wenn ich meinen Hochschulkollegen sage, dass ich gestern Abend zwei Stunden im Keller flippern war, denken die sich wahrscheinlich: Hat der Reinhardt denn nichts Besseres zu tun? Aber mir macht es Spaß und ich finde es wichtig, mich in der Freizeit von dem Gefühl freizumachen, irgendwas schaffen oder es irgendwem recht machen zu müssen. Es ist auch okay, einfach nur was für mich zu machen.

G wie Geocaching

(hätte auch Grillen werden können)

Ich weiß, es klingt wie ausgedacht, aber ausgerechnet auf dem Weg zum Geocachen verfahre ich mich. Mit der U-Bahn. Ich schwöre! Was für ein Omen! Ich bin so in Gedanken, dass ich nicht merke, wie die Bahn plötzlich wieder in die Gegenrichtung fährt, weg von Alt-Tegel, weg von meiner Verabredung – Pendelverkehr, die Lieblingsschikane der Berliner Verkehrsbetriebe.

Dabei ist Xylanthrops Wegbeschreibung eigentlich idiotensicher. Der Treffpunkt sei »ca. 200 m NNW vom U-Bahn-Ausgang« entfernt, schreibt er. Wie jeder Cacher weiß: Je präziser die Koordinaten, desto größer die Wahrscheinlichkeit, das Ziel der elektronischen Schnitzeljagd, den Cache, auch tatsächlich zu finden. Also: »Ausgang in Fahrtrichtung, von den drei Ausgängen auf der linken Seite den mit der Rolltreppe benutzen und dann einfach entlang der Hauptstraße weitergehen.«

Zu allem Überfluss laufe ich erst mal an ihm vorbei. Wir haben kein Erkennungszeichen ausgemacht. Trotzdem hätte ich ihn erkennen müssen: Wanderrucksack, Trekkingjacke, festes Schuhwerk. Und sooo viele Menschen stehen hier, an dieser Ausfallstraße, ja nun wirklich nicht rum – genau genommen nur er. Aus Gründen, die ich selbst nicht verstehe, greife ich trotzdem erst mal zum Handy. Der Mann mit der Trekkingjacke kramt seins hervor. Gotcha!

Xylanthrop, in der Szene aktiv seit knapp neun Jahren, habe ich über ein Internetforum gefunden. Er will mir hier in der Gegend ein paar Caches zeigen, die ich ohne seine Hilfe garantiert nicht finden würde. Denn um überhaupt mitspielen zu können, fehlt mir das GPS-Gerät. Xylanthrop, von Beruf Ingenieur, hat seines ursprünglich für den Job angeschafft, benutzt es heute aber überwiegend für seine liebste Freizeitbeschäftigung.

Ein paar Schritte vom Treffpunkt, am Tegeler Hafenbecken, geht es auch schon los. Er gehe davon aus, hat mir Xylanthrop geschrieben, »dass Sie die Caches, die wir (be)suchen, nicht in Wort und Bild so beschreiben, dass sie leichter, als die Cache-Owner das vorgesehen haben, findbar werden«. Eine Bedingung, die ich gern erfülle. Ich will das Spiel verstehen, nicht verderben.

Unwissende wie ich werden in der Geocaching-sprache »Muggel« genannt, wie die bemitleidenswerten Nichtmagier bei Harry Potter, die ihr Heil in technischen Innovationen suchen und nicht finden. Vor Muggeln muss man sich in Acht nehmen, sie sind nicht unbedingt bösartig, gefährlich sind sie trotzdem. »Dieser Behälter ist ein offizielles Sportziel«, steht im ersten Cache, auch »Dose« genannt, den wir finden, damit ihn niemand mitnimmt. Groß wie eine Zigarettenschachtel ist er und magnetisch unter einer Stahlkonstruktion befestigt. Den ich finde, muss es eigentlich heißen, denn Xylanthrop kennt dieses Versteck natürlich längst.

Am Anfang der weltweiten Geocaching-Bewegung – 2009 sollen es allein in Deutschland schon 25.000 Aktive gewesen sein – stand eine technische Neuerung. Als die US-Regierung im Jahr 2000 die Selective Availability des GPS-Signals abschaltete, konnten auch nicht-militärische Nutzer ihre Position plötzlich metergenau bestimmen. Damit war nicht nur der Grundstein für Autonavigationssysteme gelegt, sondern auch für die Schatzsuche mittels geografischer Koordinaten.

Es ist ein sogenannter Multi, ein mehrstufiger Cache, der uns zu unserer ersten Dose führt, in der zuletzt »Rosenthaler« einen Bärchenstempel samt Datum und Unterschrift hinterlassen hat. An verschiedenen Stationen müssen wir insgesamt vier auf der Plattform geocaching.com gestellte Fragen beantworten, zur Skulptur vor der Humboldt-Bibliothek etwa oder nach der Anzahl der Bodenstrahler, die das Eingangsportal beleuchten, dazu liefert die Seite noch ein paar Informationen zur unmittelbaren Umgebung. Kombiniert und anweisungsgemäß umgerechnet ergeben sich daraus die Koordinaten des Verstecks, die man dann eigentlich nur noch ins GPS-Gerät eingeben muss. Eigentlich.

Denn ganz so einfach ist es natürlich nicht. Wenn man dem GPS-Gerät gefolgt ist, muss man am Ziel immer noch die Augen aufmachen, um die Dose auch wirklich zu finden. Man weiß ja nur grob, wo sie liegt.

Das Spiel lässt also eine digitale und eine analoge Komponente verschmelzen. Folgerichtig gebe es »auffallend viele IT-Leute« in der Szene, sagt Xylanthrop, ansonsten alles, »von grenzdebil bis Uniprofessor«. So diskret Geocacher nach außen auftreten, so heftig gehe es intern mitunter zu, »bis hin zu Morddrohungen«, sagt Xylanthrop, dem es ganz wichtig ist, zu betonen, dass er nicht für die Szene spricht, sondern nur für sich. Freundschaften, Zerwürfnisse, Feindschaften – das sei bei den Geocachern »nicht anders als in jedem Kaninchenzüchterverein«. Xylanthrop hat seine Partnerin bei einem Geocaching-Event kennengelernt, dort »zum ersten Mal mit ihr gestritten«, wie er sagt.

Eine erste Ahnung vom Einfallsreichtum beim Legen der Caches bekomme ich beim nächsten. Xylanthrop führt mich an eine Straßenecke, wo ich die Umgebung auf Verdächtiges scannen soll. Mit Xylanthrops Hilfe erregt schließlich ein Schild meinen Argwohn, das keinen Sinn ergibt, zumindest nicht für den Verlauf von unterirdischen Wasserleitungen. Es ist ein Fake, hängt nur für Geocacher da.

Mit den dem Schild entnommenen Zahlen landen wir an einer anderen Ecke, wo ein weiteres manipuliertes Schild uns die Koordinaten des Caches liefert. Wenn Xylanthrop den Suchbereich nicht eingegrenzt hätte, würde ich heute noch an dieser Straße durch den Tegeler Forst entlangirren. »Ich würde nicht ausschließen, dass die fehlenden Steine an dem Poller da drüben auf Cacher zurückgehen«, sagt Xylanthrop, der das Versteck, verborgen von Herbstlaub, beim ersten Mal auch nur dank eines Hinweisfotos, eines so genannten Spoilers, auf der Geocachingseite, gefunden hat.

Auch als wir den Schatz endlich geortet haben, dauert es noch ein bisschen, bis wir ihn heben können. Die Gegend ist nämlich total »vermuggelt«. »Mist, der guckt natürlich« – Spaziergänger mit Hund, Jogger, vorbeifahrende Autos: Xylanthrop bittet mich zu warten, bis keine Zeugen mehr in Sichtweite ist.

Mir kommt eines meiner liebsten Zitate der Band Element of Crime in den Sinn: »Finger weg von meiner Paranoia. Die war mir immer lieb und teuer«, singt Sven Regener. »Glaubst du wirklich, dass es irgendwen interessiert, was wir hier machen, geschweige denn, dass jemand den Cache klauen würde?«, sage ich. »Das erlebt man ständig«, antwortet er. »Dosen halten oft nicht lange.« Ich bin mir da nicht sicher, frage mich, ob das nicht die üblichen Schrullen eines (modernen) Geheimbunds sind, dieses latente Gefühl der Bedrohtheit durch die Mehrheitsgesellschaft. Polemisch formuliert: Das kennen die IT-Leute aus den Fantasy-Büchern, die sie so gern lesen. Beim Geocaching können sie es ausleben.

Ich mag solche Bücher zwar nicht, bin aber trotzdem fasziniert von dem doppelten Boden, den meine unmittelbare Umgebung beim Geocaching plötzlich offenbart. Wenn man sich auf geocaching.com den Berliner Stadtplan anschaut, ist er übersät mit Symbolen. Gut 3000 Geocaches soll es im Land Berlin geben, leichte wie schwere, auf Straßen wie unter Brücken, zu Fuß erreichbar oder auch nur mit dem Boot. Es gibt nichts (oder zumindest wenig), was es nicht gibt. Geocaching ist eine Einladung zum genauen Hinsehen, zum zweiten Blick, der bei besonders Eifrigen mitunter allerdings zum Tunnelblick degeneriert: Xylanthrop hat schon Cacher erlebt, die die Schnitzeljagd auf einen Aussichtsturm geführt hat, »die die Aussicht aber keines Blickes würdigten, weil sie so auf den Cache fixiert waren«.

»Ein Stück Spielsucht« sei bei vielen sicherlich dabei, sagt Xylanthrop. In seiner Anfangszeit war auch er, der in den Achtzigern mal ein Jahr lang so exzessiv Tetris gespielt hat, »bis ich auch im Schlaf die Klötzchen fallen gesehen habe«, besessen, jagte von Cache zu Cache, drei bis vier Mal die Woche, 600 bis 700 Funde im Jahr, davon über die Jahre an die 250 Erstfunde. »Heute mache ich kaum noch Erstfunde, weil andere an ihren Rechnern sitzen und sofort losstürzen, wenn irgendwo ein neuer Cache auftaucht.« Xylanthrop und ich dagegen haben es alles andere als eilig – aber auch das ist das Schöne am Geocaching: Sowohl Schwierigkeitsgrad als auch Tempo sind komplett variabel.

Die meisten besonders umtriebigen Cacher seien Arbeitslose oder Rentner, sagt Xylanthrop. In seiner heißen Phase hatte er auch viel Freizeit, heute arbeitet er halbtags und cacht nicht mehr so viel. »Ich jage heute nicht mehr möglichst vielen Punkten nach«, sagt er, »auch wenn ich meine Matrizen zu füllen versuche.« Was ist das? »Totaler Blödsinn«, antwortet er. Es gebe »Auswertungen, ob man an allen Tagen eines Jahres eine Dose gefunden hat«. Oder die »81er-Matrix«, bei der man nachweisen muss, dass man für alle möglichen Kombinationen aus dem Schwierigkeitsgrad des Geländes sowie der Aufgabe – in Halbschritten zwischen 1 und 5 unterteilt – einen Cache gefunden hat. »Wenn mal schlechtes Wetter ist und ich 'nen Multi brauche, nehme ich den hier«, hat Xylanthrop bei dem Cache am Tegeler Hafen gesagt. Er hat ihn sich für den Fall aufgespart, dass er für seine Matrizen mal einen schnellen Cache braucht.

»Das würde ich nicht als Hobby oder Sport bezeichnen«, hat Xylanthrop über die Powertrail-Cacher gesagt, die »nur für die Statistik« durch die Gegend jagen; weil's schnell gehen muss, meist sogar mit dem Auto. Die Irren, das sind immer die anderen – ich hingegen kann keinen großen Unterschied erkennen zwischen diesem und jenem Auswuchs. Beides scheinen mir Belege für ein ordentliches Suchtpotenzial des Geocachings zu sein. Und für den Optimierungswahn unserer Gesellschaft: Anstatt je nach Gusto einen schönen Waldspaziergang oder -lauf mit einer Belohnung in Form einer gefundenen Dose zu garnieren, muss das Ganze darüber hinaus für viele noch etwas »bringen«. Wie eingangs schon gesagt: Unser Leistungsdenken kennt keinen Feierabend. Die Auswüchse dessen kann man auch bei solchen Extrem-Cachern beobachten. Zweckfreiheit muss man eben erst mal aushalten können.

Als anspruchsvoller Cacher schmeißt Xylanthrop mit den Favoritenpunkten, die er bei geocaching.com als zahlendes Mitglied an besonders originelle Caches vergeben darf, nicht gerade um sich. Die »Klapperschlange«, unser letzter Cache für heute, hat einen bekommen. Irgendwo am Tegeler See finden wir sie. Und sie hat es in sich, enthält einen Crashkurs in Sachen Geocaching und die Koordinaten für den »Bonus«. »Der erste Cache weltweit wurde von Dave Ulmer am 3.5.2000 in Estacada in Oregon gelegt«, steht auf einem der Zettel in ihrem Inneren. Die Klapperschlange ist wirklich eine schöne Idee in einem cleveren Versteck.

Nach jeder Tour setzt sich Xylanthrop zu Hause an den Rechner und »loggt« darüber. Das Schreiben über die Suche – selbstredend ohne Details zu verraten – ist ihm genauso wichtig wie die Suche selbst und nimmt etwa noch mal so viel Zeit in Anspruch. Während die Geocacher draußen allein oder in kleinen Gruppen unterwegs sind, bilden sie auf geocaching.com eine Community. Neben Anekdoten von der Suche veröffentlicht Xylanthrop hier auch kleine Tipps oder lobt den Cache-Leger. »Vielen Dank für diese interessante Führung, die zu einer ganz anderen Wahrnehmung dieser (Architektur-) Historie zwingt, als es das Vorbeirauschen im Auto ermöglicht«, schreibt er etwa über den Cache »Arbeiterpaläste I«.

Auch als gebürtiger Berliner lernt Xylanthrop seine Stadt beim Geocachen immer wieder neu kennen. Neulich etwa war er zum ersten Mal in der Dammheide tief im Berliner Osten unterwegs. Sein Hobby führt ihn häufig in entlegene Stadtteile oder ins Umland, nach Frankfurt/Oder zum Beispiel, Ecken, in die er ohne diesen Anlass wohl nie vordringen würde.

Auch das gefällt mir am Geocachen, zumindest in seiner gemäßigten Form, dass dieses Hobby einen dazu animiert, seine Home- und damit Komfortzone zu verlassen und die Augen offen zu halten. Im Alltag bewegen wir uns ja meist auf von uns selbst reichlich ausgetretenen Pfaden. Den Weg zur Arbeit fänden wir zur Not auch mit verbundenen Augen, die Speisekarte unserer Lieblingspizzeria kennen wir auswendig, die Bedienung im Stammcafé stellt uns ungefragt einen Cappuccino hin – der Alltag ist voller Routinen, die dem »Gewohnheitstier« Mensch einerseits Halt geben, andererseits auch immer wieder durchbrochen werden sollten, um nicht in ihnen zu erstarren.

Mit einem Freund war ich mal abends an der Wutzkyallee in Berlin-Rudow ein paar Bier trinken, einfach nur, weil wir den Namen der U-Bahn-Station so drollig fanden. Rudow gehört zu Neukölln, dem Bezirk, in dem auch ich wohne, und doch war ich vorher nie da gewesen. Bei mir in der Ecke wimmelt es vor Kneipen und Leben, dort war es stockduster und wir mussten den Hausmeister einer Schule fragen – der einzige Mensch weit und breit –, wo man in der Gegend denn ein Bier bekommt. Als das Schultheiss dann endlich vor uns stand, wurde es ein sehr lustiger Abend, diese Expedition vor der eigenen Haustür, ohne GPS zwar, aber trotzdem ein bisschen wie Geocachen. Nur die Luft war längst nicht so frisch.

Der Hobbyist rät:

Wer seine Komfortzone verlässt, wird belohnt. Warum also – nur zum Beispiel und als ersten Schritt – nicht mal ein neues Restaurant ausprobieren anstatt immer nur die 48 mit Ente?

H wie Heimwerken

(hätte auch Handarbeiten werden können)

Ich hasse Baumärkte. In Baumärkten fühle ich mich immer klein – trotz 1,95 Meter Körpergröße. Klein und ausgeschlossen, fremd. Sprache und Kultur dieser Orte bleiben mir verschlossen wie dem Pauschalurlauber die wahren Perlen seiner Urlaubsinsel. Ignoranz spielt hier wie da eine nicht zu leugnende Rolle. Mit einem Unterschied: Beim Pauschaltouristen ist sie selbst gewählt, bei mir Notwehr. Denn die Abneigung beruht offenbar auf Gegenseitigkeit: Werkzeug wird in meinen Händen wertlos. Als ich vor einiger Zeit mit einem Industrietacker Isolierfolie auf einem Holzrahmen befestigen sollte, habe ich mich für das Ergebnis geschämt wie schon lange für nichts mehr. Der Tacker hatte Besseres verdient. Ich träume von einer Frau, die mit Hammer und Säge umzugehen weiß. Dafür mache ich die Wäsche (also bis aufs Bügeln). Zuschriften bitte an den Verlag.

Mein Verhältnis zu Heimwerkern darf daher getrost als distanziert bezeichnet werden – distanziert mit einem Schuss Bewunderung, was sich in etwa auch über mein Verhältnis zu den alten Griechen sagen ließe. Ihre Welt ist nicht meine. Aber gut, dass es sie gibt beziehungsweise gab. Was wären wir ohne sie?!

Mit diesen Gefühlen fahre ich zu Klaus Pawletko nach Berlin-Tempelhof, den Kontakt hat mir eine von ihm begeisterte Kollegin vermittelt – auf meinem Fahrrad, das ich für jede noch so winzige Reparatur in die Werkstatt gebe. Ich sage zwar, dass ich gern dafür bezahle. Innerlich bin ich allerdings zerrissen: Einerseits glaube ich an Arbeitsteilung, andererseits bin ich nicht gerade reich und fühle mich wegen meines Heimwerkerdefekts regelrecht amputiert. Gerade mal ein Ikea-Regal kann ich zusammenbauen – aber nur nach Anleitung und wenn ich den ganzen Abend dafür Zeit habe. Und irgendwas ist hinterher doch immer krumm und schief. Pawletko würde wohl nur ein Viertel der Zeit brauchen, wenn überhaupt.

Man sieht es ihm – klein, drahtig, weißhaarig, Ohrstecker – nicht an, aber Pawletko ist ein Typ, der sich breitmacht. Er kann nicht anders. »In meinem letzten Wohnhaus hatte ich irgendwann vier Keller«, sagt er. Nach und nach hat er sie in Beschlag genommen für seine Projekte, angefüllt mit all dem, was er noch mal gebrauchen zu können glaubte: »Wegschmeißen fällt mir ganz schwer.« Als das Ehepaar Pawletko wegen Eigenbedarfs nach 30 Jahren ausziehen musste, auch aus den Kellern, »war ganz schön Alarm«, erinnert er sich. Zum Glück gewährte ihm eine Nachbarin Asyl in ihrem Abteil, wo bis heute der Großteil von Pawletkos Werkzeug lagert.

Die neue Wohnung ein paar Straßen weiter hat einen großen Vorteil: Sie gehört ihnen. Und zwei Nachteile: An dem einen arbeitet Pawletko noch, den anderen hat er schon beseitigt: Auf dem Dach des Gründerzeitkomplexes steht ein Heliostat, zwei Spiegel, die das Licht der Sonne auf die zur schattigen Nordseite gelegene Terrasse reflektieren. Ist das nicht irre?

Was für eine Idee! Und es wird noch besser: Im Winter dienen zwei weitere, im Innenhof aufgestellte Spiegel dazu, das kostbare Sonnenlicht in die Wohnung umzuleiten.

Pawletko hatte von einer ähnlichen Anlage in der italienischen Gemeinde Viganella gehört, in der im Winter 83 Tage nicht die Sonne scheint, und tüftelte los: Zwei mit einer Querstange verbundene, große Satellitenschüsseln mit je 1,25 Metern Durchmesser bilden das Fundament, darauf ruht eine Alukonstruktion, die sicherstellt, dass die aufgeklebten Spiegel absolut plan sind. Ein 30 Kilo schwerer, computergesteuerter Motor sorgt dafür, dass die Spiegel dem Lauf der Sonne exakt nachgeführt werden.

Gehört hatte ich von einer solchen Anlage auch schon mal, aber dass man so was für den Hausgebrauch nachbauen könnte, dafür fehlte mir schlicht die Vorstellungskraft. Ich hätte mir wahrscheinlich noch nicht mal Gedanken über die Nordlage der Wohnung gemacht, wäre nichtsahnend eingezogen und hätte mich mit der dusteren Bude abgefunden.

Weil das Kellerabteil der Eigentumswohnung zu klein ist für ambitioniertere Basteleien – zweiter Nachteil –, musste Pawletko auf den verwaisten Dachboden ausweichen. Den Schlüssel ließ er heimlich nachmachen. »Ich will niemandem etwas wegnehmen«, sagt er, »aber wenn es ungenutzte Ecken gibt, dann okkupiere ich die halt.« Auch in seinem selbst gebauten Bootszelt, mit dem das Ehepaar später drei Tage die Dordogne runtergeschippert ist, übernachtete er hier schon zur Probe.

Pawletko ist die perfekte Verkörperung des Baumarktslogans »Es gibt immer was zu tun«. Das liegt in seiner Familie, in der alle vier Brüder das »Schrauber-Gen« vom Vater, einem Automechaniker, geerbt haben. Beruflich ist Pawletko zwar einen anderen Weg gegangen, hat Soziologie studiert, aber der Feierabend und die Wochenenden gehören seinen Projekten. Dabei steht die Freude am Machen im Vordergrund, der Stolz aufs Ergebnis ist zweitrangig: »Wenn etwas fertig ist, wird es langweilig.« Ehrensache, dass Pawletko im Zweifelsfall lieber selbst bastelt als kauft. Nur mit dem Werkstoff Holz fremdelt er, »da bin ich unbegabt«, sagt er.

Es tröstet mich ein kleines bisschen, dass auch einer wie Pawletko nicht mit jedem Material zurechtkommt. Und dass auch er erst in eine Notlage geraten musste, um den Heimwerker in sich zu wecken. Auf dem Weg nach Griechenland war ihm als junger Mann schon in Bayreuth sein Kasten-R4 verreckt – Motorschaden, fast hätte er die Reise abbrechen müssen. Aber dann hat Pawletko sich einen Motor vom Schrott geholt und ihn an einer Tankstelle eingebaut. »Ich hatte keine Ahnung damals«, sagt er.

Wenn ich an seinen Vater und das »Schrauber-Gen« denke, glaube ich ihm das nicht so recht. Es mag die erste große handwerkliche Herausforderung gewesen sein – seine Voraussetzungen allerdings waren wohl ungleich besser als meine, denn er kam mit dem neuen Motor bis nach Griechenland und zurück. Ich an seiner Stelle stünde heute wohl immer noch an dieser Tankstelle – na gut, das vielleicht nicht, aber ich wäre auf jeden Fall viel Geld in der Werkstatt losgeworden.

Darum beneide ich Menschen wie Pawletko: Sie sind nicht gezwungen, sich mit den Gegebenheiten abzufinden, ganz im

Gegenteil: Sie können auch aus scheinbaren Niederlagen am Ende kraft ihres kreativen und handwerklichen Potenzials doch noch als Sieger hervorgehen, den Prüfungen des Alltags so den Stinkefinger zeigen. Das stelle ich mir unheimlich befriedigend vor.

Ich dagegen drücke mich um jede noch so kleine Reparatur in meiner Wohnung – so lange es geht. Und rufe dann notgedrungen einen Profi.

Für Männer wie Pawletko sind Besorgungen im Baumarkt regelrechte Pilgerfahrten, Expeditionen in eine Welt voller Möglichkeiten, für mich waren sie schon als Kind im Schlepptau meines Vaters ungefähr so lästig wie Schneeschippen vor der Haustür. Was suchte der Mann da bloß immer stundenlang? Mittlerweile ahne ich, was es war: Selbstverwirklichung, Gestaltungsmacht. Mein Vater baute sich im Keller unseres Reihenendhauses eine Gruft in Grau und Schwarz mit Teppich auch an den Wänden, die gepolsterte Tür und die Schreibtischplatte waren lederbezogen, den Fernseher hatte er in die Wand eingelassen, hinter der sich versteckter Stauraum verbarg. Zum Fernsehen war dieser Raum unschlagbar, dunkel und schallgedämmt, viel mehr interessierte mich damals nicht. (Heute frage ich mich schon manchmal, wie man auf die Idee kommt, sich so eine Höhle zu bauen.)

Zum heutigen Haus meines Vaters gehört eine alte Scheune, in der Platz für ziemlich viel Schrott ist, den man eventuell noch mal gebrauchen kann. Pawletko wäre neidisch. Spätestens als Rentner will Pawletko eine große Garage haben, um darin einen englischen Oldtimer zu restaurieren, »Hauptsache irgendwas, was schön lang dauert, Wracks ziehen mich magisch an«. Zeitweise hatte er drei Motorräder und damit reichlich Arbeit, »jetzt habe ich nur noch eins, und daran ist nichts mehr zu machen«, die Höchststrafe für einen wie ihn.

Auch seinen VW-Bus, Modell T1, hat er »als Haufen Schrott gekauft« und vier Jahre lang in jeder freien Minute aufgemöbelt: größerer Motor, Heizung, Kocher, Kühlschrank. Jetzt fährt er damit in seine Skandinavienurlaube, bislang ohne größere Pannen, und hat kaum mehr zu tun, als hin und wieder ein bisschen Rost zu entfernen. Wird das denn gar nicht langweilig? »Auch im Urlaub findet sich eigentlich immer irgendwas«, antwortet er, »und wenn ich einen improvisierten Grill bastle.«

Wo immer Pawletko mit den Früchten seiner Arbeit, dem Bootszelt wie dem restaurierten VW-Bus, vorbeifährt, erregt er Aufmerksamkeit. »Die Leute schwenken die Hüte, wenn sie denn welche aufhaben«, sagt er. Pawletko ist nun wirklich kein Poser, aber »dieser Moment des Bewundertwerdens« gehört für ihn zu seinem Hobby unbedingt dazu. »Deswegen haben wir doch früher überhaupt angefangen, unsere Mofas zu tunen.« Verständlich: Was nützt das schönste Mofa, wenn die Mädchen nicht gucken?

Ein Hobby hat man zwar vor allem für sich selbst, andere damit zu beeindrucken ist aber auch nicht verboten, ja kann sogar einen Teil des Reizes ausmachen.

Die nächste große Herausforderung steht noch originalverpackt in der Ecke seines Kellerabteils: ein Schweißgerät. »Ich bin da noch kein Meister drin«, sagt Pawletko, »möchte aber einer werden.« Hier unten, in diesem gerade mal drei Quadratmeter kleinen Verschlag, ist an Üben aber nicht zu denken. An Gemütlichkeit auch nicht. »Ich muss schon irgendein Projekt am Wickel haben«, sagt er, »sonst komme ich nicht hier runter.« Auch in seiner großzügigen Altbauwohnung oben findet sich immer ein ruhiges Plätzchen.

Sein Vater hatte diese Wahl nicht, zu sechst wohnte die Familie auf 63 Quadratmetern. Da war der Werkstattkeller als Rückzugsort hochwillkommen, als Oase der Stille und des Frickelns. Oft brachten die Nachbarn irgendwas Kaputtes vorbei, in der Hoffnung, er könne es reparieren – eine Erfahrung, die der Sohn teilt: »Man hat schnell einen bestimmten Ruf weg, wenn man öfter mal mit dem Schraubenzieher in der Hand erwischt wird.« Sein Vater habe sich »auch im Sonntagsanzug unters Auto der Nachbarn gelegt«, erinnert sich Pawletko. »So weit geht die Liebe bei mir nicht.«

Was auch daran liegt, dass moderne Autos, »diese rollenden Computer«, wegen all der verbauten Technik nicht mehr so ohne Weiteres zu reparieren sind. »Beim neuen Golf meines Vaters kann er noch nicht mal mehr die Zündkerzen selbst wechseln«, er, der gelernte Automechaniker! Pawletko zieht Mechanisches dem Elektronischen vor, weil er da mehr ausrichten kann. Es ist eine Frage seiner Bastlerehre, dass er von den Nachbarn in den Müll geworfene Elektrogeräte zu reparieren versucht. An seiner Werkbank stehen ein CD-Radio und ein Handstaubsauger, die er wieder zum Laufen gebracht hat. »Meistens ist es nur ein Wackelkontakt oder ein loser Draht«, sagt er und wirkt erstaunt bis befremdet, dass andere Leute so schnell aufgeben und ein neues Gerät kaufen. Da blutet sein Bastlerherz.

»Die Wegwerfgesellschaft gefällt mir ganz und gar nicht.« Sein Werkzeug hat er in einem umfunktionierten Küchenunterschrank verstaut.

Als neulich mein vielleicht drei Jahre alter elektrischer Bartschneider kaputtging und mir im Laden von einer Reparatur aus Kostengründen abgeraten wurde, befiel mich das gleiche Unbehagen. Ich musste an Pawletko denken und war kurz davor, ihm das Gerät vorbeizubringen, habe es aber dann doch gelassen. Wir kennen uns ja kaum.

Mittlerweile sitzt Pawletko, der hilfsbereite Nachbar mit dem Schrauber-Gen, übrigens im Beirat der Eigentümergemeinschaft. In dieser Funktion wird er demnächst an einer Kellerbegehung in dem Gebäudekomplex teilnehmen. »Da hoffe ich, dass mir was unterkommt«, sagt er und meint natürlich ein verwaistes Kellerabteil, in dem er dann vielleicht auch seine kleine Bar wieder aufbauen und die Zeit über seinen Basteleien vergessen kann. Klaus Pawletko ist und bleibt eben ein Typ, der sich breitmacht.

Der Hobbyist rät:

Fragen Sie jemanden, der sich damit auskennt.
Bitte. Danke.

I wie Insekten sammeln

(hätte auch Isolierkannenweitwurf werden können)

Da muss er wohl wirklich bei Adam und Eva anfangen. »Jedes Insekt, das Sie hier sehen, ist ausgewachsen«, sagt Joachim Schulze. Wir sitzen in seiner Köpenicker Wohnung über einem Schaukasten mit Marienkäfern und Schulze erklärt erst mal die Basics: Die kleinsten der Käfer, nur etwa drei Millimeter groß, aber wie alle säuberlich präpariert, beschriftet und aufgereiht, sind also keine Babys, sondern Arten von geringem Wuchs. Aha. Ich habe absolut keine Ahnung. 81 Marienkäferarten gebe es hierzulande, sagt Schulze, etwa 300 europaweit. Die Käfer, wie auch seine anderen Insekten, hat er größtenteils in Berlin und Umgebung gesammelt – auch den für unsere Breiten recht großen Asiatischen Marienkäfer. »Die sind um 2000 bei uns eingewandert und heute gar nichts Besonderes mehr«, sagt Schulze.

Ich bin Stadtkind durch und durch, kenne mich in der heimischen Flora und Fauna so gut aus wie in Grönland, also überhaupt nicht. Auf meiner Suche allerdings möchte ich auch Hobbys kennenlernen, die mir fremd sind, um Überraschungen nicht von vornherein auszuschließen. Und als Lehrmeister ist Joachim Schulze allererste Wahl. Kaum jemand weit und breit kennt sich so gut mit Insekten aus wie er. Und kaum jemand hat sein Wissen so bereitwillig geteilt. 25 Jahre lang, über die Wende hinweg, leitete er die Berliner Fachgruppe Entomologie und wurde für seine Verdienste um die Berliner Freizeitinsektenkunde 2002 mit der Silbernen Ehrennadel des Naturschutzbundes geehrt. Im gleichen Jahr ging er, zuletzt Chefpräparator des Naturkundemuseums, auch in Rente. Doch seinen »Viechern« ist er bis heute treu geblieben. Und wenn er irgendwann mal nicht mehr ist, dann erbt sein früherer Arbeitgeber die Sammlung, der heute übrigens der Arbeitgeber seiner Tochter, ebenfalls Präparatorin, ist. Sie ist allerdings eher auf Vögel und Würmer spezialisiert.

Etwa 200 Schaukästen mit Zehntausenden Tieren lagern im Nebenzimmer – die Ausbeute aus 60 Jahren als Insektensammler. Zeigen will Schulze sie mir lieber nicht. »Da drüben sieht's wild aus«, sagt er entschuldigend. Durch eine Muskelschwächekrankheit ist er nur noch schlecht zu Fuß, was Schulze, ursprünglich ausgebildet zum Gärtner und am liebsten an der frischen Luft, sehr bedauert. Doch das Tolle an seinem Hobby und seiner Expertise ist, dass die Insekten nach wie vor zu ihm kommen, wenn er schon nicht mehr zu ihnen kommen kann. Freunde und Bekannte bringen ihm welche vorbei, damit er sie bestimmt, mit Schulzes Erfahrung eine leichte Übung: So könne er etwa 90 Prozent der heimischen Marienkäfer ohne Literatur oder Vergleichsmaterial identifizieren. Seinem eigenen Urteil vertraut Schulze. »Vielen anderen glaube ich das nicht.«

Diese über Jahrzehnte gewachsene Sicherheit, die seine Autorität in der Szene begründet, hat das Sammelverhalten verändert. Heute müsse er nicht mehr jedes gefundene Tier auch mitnehmen, sei dies doch mittlerweile aus Artenschutzgründen auch vielfach verboten. »Wenn ich es in der Kartei habe, ist es genauso gut, wie es in der Sammlung zu haben«, sagt er. Ohne sein Notizbuch geht Schulze nie aus dem Haus – wenn er es denn noch tut.

Schulze kann sich nicht erinnern, als Kind schon sonderlich viel für Insekten übrig gehabt zu haben. Das kam später. In der Ausbildung tauften ihn die Kollegen »Raupen-Schulze«, »weil ich mir jedes Viech ganz genau angesehen habe, und da trifft man als Gärtner ja eine ganze Menge«. Damals wie heute war und ist es die Vielfalt an Farben und Formen, die ihn fasziniert, übrigens immer noch auch bei Pflanzen. Sein Herz aber gehört den Insekten und insbesondere den Käfern. »Meine Lieblingskäfer sind die Mistkäfer«, sagt Schulze, allen voran der Dungkäfer mit seinen knallroten Flügelklappen. Er zeigt mir ein paar Exemplare, die beim Präparieren allerdings einiges von ihrer charakteristischen Färbung verloren haben. »Wenn sie frisch sind, dann leuchten sie richtig schön«, sagt Schulze. Von der ersten Begegnung war er so verzaubert, »dass ich eine Zeit lang jeden Pferdeapfel umgedreht habe«, immer auf der Suche nach dem nächsten Käfer.

Schulze schwärmt von Käfern wie ich von bestimmten journalistischen Texten oder Fernsehserien: einer Reportage von Holger Gertz über Heino bis zur BBC-Krimiserie »Luther«. Mit einigen Freunden kann ich gut über solche Themen reden, ja einige Freundschaften basieren gar auf diesen Gesprächen, andere wiederum können damit eher weniger anfangen. Ich, eher Stubenhocker als Naturfreak, sitze also Schulze gegenüber, freue mich über seine Leidenschaft und wundere mich zugleich darüber: 60 Jahre Insektensammler – ein Leben für den Käfer? Was für ihn ein Teil seiner Identität ist, ist für mich unvorstellbar – das Auftstöbern in freier Wildbahn und dann dieses Gefummel und Gefriemel zu Hause. Schon verrückt: Menschliche Passionen stehen den Insekten in ihrer Vielfalt in nichts nach.

Ekelig, wie man vielleicht denken könnte, wirken die von Schulze behutsam erstickten und aufgespießten Insekten komischerweise überhaupt nicht, eher ästhetisch in all ihren Formen und Farben. Wie sie da in Reih und Glied in den Holzkästen angeordnet sind, würden sie auch als Wandschmuck taugen – na gut, vielleicht nicht unbedingt die Mistkäfer.

Seine Kinder, erzählt Schulze, hätten bei Ausflügen »früher immer feste mitgesammelt«, und die Faszination hat sich ja zumindest auf seine Tochter so weit vererbt, dass auch sie Präparatorin geworden ist. Aber bei seinen Enkeln konnte Schulze nichts ausrichten. »Die Jugend sitzt lieber am Computer als am Mikroskop«, sagt er und – das ist in diesem Fall mal keine Floskel – versteht die Welt nicht mehr. Vielen Generationen von Jugendlichen hat er bei Exkursionen die heimische Flora und vor allem Fauna nähergebracht; er selbst wiederum hat irgendwann den Anschluss verloren. »Ich glaube, sie haben heute mehr zu tun als wir früher«, sagt Schulze, »und viel mehr Ablenkung.« In Kombination mit den heutigen strengen Naturschutzgesetzen, die eine Sammlung wie die von Schulze gar nicht mehr erlauben würden, sind das keine guten Zeiten für sein Hobby, das ihm so viel gegeben hat.

Im Jahr 1957, da war Schulze schon kein Gärtner mehr, ist er »mit der ersten deutschen Albanienexpedition ein Vierteljahr kreuz und quer durch das Land gereist« und hat die dortige Tierwelt erforscht. »Das war 'ne schöne Sache«, sagt Schulze. Diese Nüchternheit rührt mich, weil ziemlich klar ist, dass er nicht über ein leckeres Abendessen spricht, sondern über das Abenteuer seines Lebens. Bis heute kennt Schulze die Welt vor allem aus den Büchern seines ebenfalls eher sesshaften Lieblingsautors Karl May – bis auf Albanien: Da war Schulze tatsächlich, May aber nie. Welche Ironie! Ins Land der Skipetaren geführt hatte Schulze sein Hobby, das inzwischen zu seinem Beruf geworden war, aber immer Leidenschaft geblieben ist.

Als ich wieder in Schulzes Flur stehe, dem Flur der Wohnung, in der der Mann seit mehr als 50 Jahren lebt, wird mir ganz melancholisch zumute. Mit meinem Besuch hier habe ich kurz eine verschwindende Welt gestreift, eine Welt von einer Beständigkeit, die mein Leben wohl nie haben wird, in der man so viele Insekten ansammeln kann, dass sie irgendwann ein ganzes Zimmer füllen. Da draußen mag sich durch die politische Wende vieles verändert haben, hier drinnen ging es immer um die Familie. Und die Viecher. Beides hat Schulze Halt gegeben. Wie gesagt: Mir wird ganz melancholisch zumute. Für einen kurzen Moment habe ich den Impuls, Schulze zum Abschied zu umarmen. Höchste Zeit zu gehen.

Der Hobbyist rät:

Um Schulzes Faszination zumindest ansatzweise nachvollziehen zu können, empfiehlt sich ein ausgedehnter Waldspaziergang mit offenen Augen oder ein Besuch im nächstgelegenen Naturkundemuseum.

J wie Jonglieren

(hätte auch Jodeln werden können)

Als Schüler war ich in der evangelischen Jugendarbeit, im CVJM-aktiv. Da gab es einen ungefähr gleichaltrigen Jungen, Björn, den ich sehr für die Leichtigkeit bewundert habe, mit der er die Bälle zum Tanzen gebracht hat. Im CVJM galt man als cool, wenn man jonglieren konnte. Und Björn konnte das so gut, dass er es auf Ferienfreizeiten den Teilnehmern beigebracht hat. Mir hat er es nie beigebracht – was weniger an ihm lag als an mir.

Ich bin kein guter Schüler, weil ich immer ein Problem damit hatte, dass vor dem Können das Quälen steht. Das bekam auch mein Gitarrenlehrer zu spüren. Ich war in die Idee verliebt, Gitarre spielen zu können, aber üben wollte ich nie und habe es daher auch selten getan. Beim Jonglieren kam meine motorische Minderbegabung noch erschwerend hinzu.

Mein Versuch, endlich zu schaffen, was mir früher nie gelungen ist, die Bälle wie Björn (oder zumindest so ähnlich) zum Tanzen zu bringen, ist also von vornherein als Lektion in Durchbeißen angelegt. Der Anfang ist erwartungsgemäß frustrierend. Mit einem Ball klappt es noch ganz gut, aber mit dem zweiten hält der Plumpsack Einzug in mein Wohnzimmer. Boff. Boff. Nacheinander klatschen die beiden Bälle auf die Dielen, weil mir keine einheitlichen Flugbahnen gelingen. Immer wieder.

Boff. Boff. Immer wieder hebe ich sie also auf und versuche aufs Neue, sie in die Luft zu werfen und wieder aufzufangen. Boff. Boff. Kotz. Kotz. Allmählich komme ich ins Schwitzen. In meinem eigenen Wohnzimmer. Ohne dass ich ernsthaft Sport machen würde. Nur vom andauernden Bücken. Boff. Boff. Ich komme mir unglaublich dämlich vor – ein Gefühl, das ich normalerweise nicht lange ertrage. Aber diesmal möchte ich besonders geduldig sein. Mich selbst überraschen. So weit die guten Vorsätze.

Und tatsächlich! Nachdem ich mehrere Tage lang immer wieder 20, 30 Minuten geübt habe, finden die Bälle nach dem Wurf zunehmend sicherer in die jeweils vorgesehene Hand. Die Bewegungen werden gleichförmiger. Ich erzähle einer Freundin von meinen Fortschritten. »Wie, das dauert so lange bei dir?«, antwortet sie. »Es geht doch nur darum, im Kopf einen Schalter umzulegen.« Meiner klemmt offenbar. Es war sicher nicht böse gemeint, aber haut ganz schön rein: Statt »Jetzt erst recht« denke ich mir so was wie »Vielleicht sollte ich es doch lieber lassen und ein Eis essen gehen«.

Ich entscheide mich fürs Erste dagegen, übe weiter. Ich versuche, meinen Frieden mit meinem Tempo zu machen, den Babyschritten, mit denen ich mich meinem Ziel annähere. Zur Abwechslung werfe ich zwei Bälle mit einer Hand hoch und versuche sie mit der gleichen Hand wieder zu fangen. Als das nach zig Versuchen irgendwann zehnmal in Folge unfallfrei klappt, die Bälle sich nicht mehr gegenseitig abschießen, bin ich schon ein bisschen stolz. Und probiere das Jonglieren mit drei Bällen.

Das ist natürlich wieder die totale Katastrophe. Boff. Boff. Boff. Plötzlich stimmt überhaupt nichts mehr. Unkoordiniert fliegen die Bälle durcheinander. Drei sind einer zu viel. Boff. Boff. Boff. Kotz. Kotz. Kotz. Schon wieder fühle ich mich unfassbar grobmotorisch – mehr denn je. Dass sich die Nachbarn von unten wegen all der Plumpsäcke nicht beschweren, liegt nur daran, dass unter mir niemand wohnt. Also kann auch niemand dem Leiden ein Ende setzen. Niemand außer mir selbst. Die Motivationskurve sinkt rapide. Was mache ich hier eigentlich?

In den ganzen YouTube-Tutorials, die ich mir angesehen habe, sieht das so einfach aus. Zwar raten die Jonglierlehrer da unisono, die Bälle erst mal nicht aufzufangen, sie auf den Boden fallen zu lassen. Aber bei ihnen bleiben sie natürlich schön so liegen, wie sich das gehört, zwei auf der einen und einer auf der anderen Seite und nicht irgendwo im Raum verteilt. Ständig suche ich einzelne Bälle und finde sie dann unterm Sofa, hinterm Fernseher, überall, nur nicht da, wo sie hingehören.

In einem der Videos gibt es eine Übung, um die Zusammenarbeit der beiden Hirnhälften zu verbessern: Man soll die Arme, in den Händen jeweils einen Ball, vor dem Körper überkreuzen und abwechselnd einen der Bälle loslassen und mit derselben Hand weiter unten wieder auffangen. Das ist gar nicht so einfach, wie es klingt – aber auch nicht so schwer, wie ich befürchte. Nach einigen Minuten habe ich den Bogen raus und kehre wieder zum Jonglieren zurück.

Hin und wieder gelingt es mir nun tatsächlich, drei Bälle hochzuwerfen und wieder aufzufangen, aber mit Jonglieren hat das trotzdem noch recht wenig zu tun. Dafür sind die Flugbahnen zu unstet, die Bewegungen zu hektisch. Also kehre ich vorübergehend zum Jonglieren mit zwei Bällen zurück, das mich aber recht schnell langweilt. Es wird wohl noch eine ganze Weile dauern, bis ich die »Drei-Ball-Kaskade« drauf habe, wenn es denn überhaupt so weit kommt. So sehr ich mir bisher Mühe gegeben habe, allem Frust zum Trotz an den Bällen zu bleiben, so wenig kann ich dafür garantieren, dass ich durchhalten werde. Bleiben die Belohnungen so sparsam, wirkt das nicht gerade motivationsfördernd – gute Vorsätze hin oder her. Vielleicht brauche ich aber auch einfach nur einen Lehrer, der mir das Jonglieren persönlich beibringt. Viele Volkshochschulen bieten ja Kurse an. So wie Björn damals im CVJM.

Der Hobbyist rät:

Bei den Bällen darauf achten, dass sie nicht zu prall sind und gut in der Hand liegen, sonst springen sie noch mehr durch die Gegend als ohnehin schon.

K wie Kaffee

(hätte auch Konservendosen sammeln werden können)

Für guten Kaffee fährt André sogar bis nach Winterhude. Da hat vor Kurzem ein Coffeeshop aufgemacht, der Kaffee einer Stockholmer Rösterei kredenzt. André mag den Laden, weil er ihn vergessen lässt, dass er in Hamburg in der »Kaffeeprovinz« lebt. Neulich ist er für eine Tasse Kaffee sogar noch weiter rausgefahren, zu einem Röster nach Wedel. Vorher hat André in Berlin gewohnt, der deutschen Hauptstadt, auch der Kaffeekultur, da kennt er unzählige Cafés und Röstereien, »das würde für eine Woche reichen«, sagt er, in Hamburg langt ein halber Tag, um seine Favoriten abzuklappern. Und genau das ist der Plan.

Gefunden habe ich André, weil er gern mit der Welt teilt, was er mag. Bei Instagram veröffentlicht er andauernd Kaffeefotos, auch sein Facebook-Profil ist voll davon. Es ist derart offensichtlich, dass der Mann ein »Kaffeefreak« ist – so nennt er sich auch selbst –, dass er mir von gleich mehreren Facebook-Freunden unabhängig voneinander empfohlen wird. Als ich ihn anschreibe und frage, ob er Lust hat, mich bei einem Streifzug durch die Hamburger Kaffeeszene an seiner Leidenschaft teilhaben zu lassen, sagt er sofort zu. So ist das mit Erleuchteten: Sie lassen keine Gelegenheit aus, zu missionieren.

Er ahnt ja nicht, dass ich schon bekehrt bin. Angefangen hat es beim Auslandssemester in Budapest (Kaffeehäuser!) und intensiviert wurde es bei einer langen Reise durch Neuseeland (Flat White!). Zwar poste ich nicht wie André Fotos einer Kaffeewaage mit der Bemerkung »Nimm das, #HarioScale! Ab sofort wiege ich auf 0,0000000000001 g genau« (ich besitze noch nicht mal eine solche Waage), aber auch mir ist unbegreiflich, wie Kollegen kritiklos literweise abgestandenen, warmgehaltenen Filterkaffee in sich reinschütten können. Oder im Café einen stümperhaft gemachten Cappuccino nicht zurückgehen lassen.

Das ist mir sowieso ein Rätsel: In den Cafés stehen riesige, sauteure Highend-Maschinen, mit denen die Kellner nicht umzugehen wissen (das erinnert mich an Hobbyfotografen, die mit ihren digitalen Spiegelreflexprotzen ausschließlich im Automatikmodus fotografieren). Fast noch schlimmer sind die Wirte, die die Notwendigkeit nicht erkennen, ihr Personal ordentlich zu schulen, geschweige denn einen richtigen Barista einzustellen. In Neuseeland habe ich ausgeschriebene Stellen gesehen, für die man mindestens drei Jahre Berufserfahrung vorweisen musste (daran scheiterte dann leider auch mein reichlich naiver Plan, selbst als Barista zu jobben).

André wird noch grundsätzlicher: In Deutschland seien wir bei Lebensmitteln eben einen »relativ niedrigen Standard gewohnt«, sagt er, weil alles immer vor allem billig sein müsse, das gelte auch für den Kaffee. Für ihn gibt es keinen Weg zurück zu Supermarktkaffee: »Wenn man einmal weiß, dass es besser geht, gibt man sich nicht mehr mit Tchibos Feine Milde zufrieden.« Der Kaffee, den André trinkt, kostet um die 10 Euro pro

250 Gramm. Und selbstverständlich kauft er ganze Bohnen, die er dann mit der Handmühle jedes Mal frisch mahlt. (Das Päckchen, das ich ihm aus einer Kreuzberger Rösterei mitbringe, habe ich dann doch zum Glück nicht dort mahlen lassen. »Gemahlen wäre auch doof gewesen. Puh«, sagt André. Dass ich das überhaupt in Erwägung gezogen habe! Gegen ihn bin ich eben ein Banause.)

Zu Hause trinkt André grundsätzlich nur Filterkaffee, allerdings praktisch nie zum Frühstück: »Meine Freundin belächelt es immer, dass ich morgens keinen Kaffee trinken kann, weil die Zubereitung einfach zu lange dauern würde.« Stattdessen sei der Kaffee, gebrüht mit der AeroPress oder als Handaufguss, für den Freiberufler »eher ein Nachmittagsritual«. Espresso kommt ihm zu Hause nicht in die Tasse, weil man eine sehr teure Mühle und Maschine brauche, »ab 5000 Euro aufwärts«, um zu einem Ergebnis zu kommen wie im Café – und wir reden selbstverständlich nicht von Vollautomaten, sondern von Siebträgermaschinen, chromblitzenden, fauchenden Giganten der Kaffeeextraktion, wie sie in jedem Café stehen, das was auf sich und seinen Kaffee hält.

Sein Erweckungserlebnis hatte André in Berlin-Mitte, im deutschen Hauptquartier der »Third Wave of Coffee«, einem Café, das nach seiner Eröffnung damit für Aufregung sorgte, dass Kinderwagen ebenso wenig erwünscht sind wie Zucker (und Milch nur zum Espresso geduldet ist). Ja, das ist Kaffeefundamentalismus – man muss ja nicht hingehen. André kehrt fast bei jedem Berlin-Besuch wieder an den Ort zurück, »wo ich zum ersten Mal Espresso getrunken habe, der ganz anders schmeckte als alles, was ich zuvor getrunken hatte«. Zwar liest André immer noch gern in gemütlichen Cafés Zeitung oder Bücher, manchmal bestellt er dort sogar einen Cappuccino, aber er ist beim Thema Kaffee eindeutig wählerischer geworden. »Ich habe den Genuss von Kaffeehauskultur und Kaffee komplett voneinander getrennt«, sagt er.

In Winterhude trinken wir Kaffee aus dem Siphon – die wiederentdeckte, auf der Nutzung von Unterdruck basierende Zubereitungsmethode über einer Brennerflamme beeindruckt mich aber ehrlich gesagt mehr als der Geschmack des optisch eher an schwarzen Tee erinnernden Gebräus. Obwohl er sich eher als »Grobsensoriker« bezeichnen würde, sagt André Sätze wie: »Der ist aber süß hinten.« Tatsächlich? Ich schmecke nur … – ja, was eigentlich? Irgendwie anders schmeckt's, aber trotzdem eindeutig nach Kaffee. Mir fehlen die Worte. Kaffee habe »doppelt so viele Aromen wie Wein«, erklärt André, die herauszuschmecken sei eine »krasse Trainingsfrage«.

Wir fahren weiter nach St. Georg, in einen Hipsterklamottenladen, wo Freunde von André ihren Kaffee rösten und verkaufen, bis sie demnächst ihren eigenen Laden beziehen. Der Empfang ist herzlich, man plaudert über gemeinsame Bekannte, Mitch, Charles, Ralf, die Kaffeeszene scheint überschaubar zu sein, und lästert über »DaWanda-Handmade-Mädchen« und »Heimbaristi«. »Das sind die schlimmsten Kunden«, sagt Veljko, der uns einen Flat White macht, diese aus Australien und Neuseeland in die Welt exportierte Zubereitungsvariante eines Cappuccinos mit weniger, dafür sehr feinporigem Milchschaum und mit aufgrund der verglichen mit italienischem Espresso

»helleren« Röstung der Bohnen fruchtigerem Kaffeearoma. Zwei Reklamationen hören Veljko und sein Kompagnon immer wieder: Der Espresso sei zu bitter und die geschäumte Milch nicht heiß genug. »Zu-kalt-Spinner« nennt André Leute verächtlich, die sich offenbar an ihrem Kaffee den Gaumen verbrennen wollen. Bei zu hoher Temperatur wird der Schaum für den Geschmack der Experten zu fest und die Milch schmeckt nicht mehr süß, sondern muffig. Es sei »selten, dass sich jemand so gut auskennt wie André«, sagt Veljko.

Wie auch bei Wein spielt Distinktion beim Hobby Kaffee eine große Rolle. Man hebt sich dadurch vom Durchschnittskonsumenten ab, dass man das Zeug nicht nur trinkt, sondern das Thema zelebriert: Fotos macht, darüber redet, Tipps und Proben austauscht. André etwa hat beim sozialen Netzwerk Foursquare eine Liste mit empfehlenswerten Cafés veröffentlicht. »Ich glaube nicht, dass es darum geht, sich von irgendwem abzuheben«, widerspricht er. »Supermarktkaffee schmeckt mir nur einfach nicht mehr.« Wegen der Erweiterung des Geschmacksspektrums mag er auch Craft Beer, ungewöhnliche, von Enthusiasten in vergleichsweise geringen Mengen gebraute Biere – ein weiterer Trend der letzten Jahre. So ganz nehme ich ihm diese Erklärung nicht ab: Egal, ob er ein Fan ist, weil es hip ist, oder es hip wird, weil Leute wie er Fans sind, das ist unlösbar wie die Frage mit dem Huhn und dem Ei. Das Image ist Hipstern auch bei ihren Hobbys wichtig. Briefmarken tauschend kann ich mir André jedenfalls nur schwer vorstellen.

Nach einem schnellen Stärkungs-Döner ist unser nächstes Ziel ein Laden in einer Seitenstraße des Schanzenviertels: Hier werden Kaffee und T-Shirts für einen guten Zweck verkauft. Für jedes Shirt beziehungsweise jedes Kilo spenden die Betreiber einen Euro an eine Wohltätigkeitsorganisation. Passend zum Ort regt sich André über einen populären Online-Kaffeehändler auf, der auf seiner Website mit dem Slogan »Konsumdemokratie, fairer und direkter Handel« wirbt. Für ihn ist das Augenwischerei, weil niemand wisse, wie viel Geld letztlich tatsächlich beim einzelnen Kaffeefarmer in Äthiopien ankomme.

André preist mir den Cold Drip an, nur mithilfe der Schwerkraft kalt extrahierten Kaffee, eine Spezialität, die es nach seiner Aussage in Hamburg nur hier gibt. Zwischen drei und sechs Stunden läuft er durch die imposante Apparatur – je langsamer er tröpfelt, desto stärker ist das Ergebnis, lerne ich. »Entweder du magst es oder du trinkst weiter deinen Latte Macchiato«, sagt Inhaber Mika. Wir probieren einen frisch gemachten, schmeckt exotisch-fruchtig, richtig angetan bin ich aber erst von dem schon ein paar Tage im Kühlschrank gelagerten. »Da braucht man keinen Whiskey mehr, oder?«, sagt Mika. Ganz so weit würde ich nicht gehen, aber es ist doch erstaunlich, wie komplex und überhaupt nicht bitter Kaffee schmecken kann, wenn er nicht »stumpfsinnig verbrannt« (André) wurde wie viele Espressi nach italienischem Vorbild.

Weil es mir angeboten wird, trinke ich auch noch eine Art Cortado mit Mandelmus. Auf Kaffee mit Geschmack stehe ich eigentlich überhaupt nicht, übertüncht doch dabei meist ein dominanter Sirup das Kaffeearoma, aber hier hält sich die Mandel dezent im Hintergrund. Lecker. Ich trinke den Kaffee trotzdem nicht aus. Es reicht. Auch André ist bedient. Selbst er trinkt normalerweise natürlich viel weniger Kaffee an einem Tag. »So eine Tour hätte ich ohne dich nie gemacht«, sagt er. Auch seine Leidenschaft hat Grenzen – zumindest quantitativ.

Ausgerechnet durch einen Craft-Beer-Store laufen wir zu unserer letzten Station für heute. Die Rösterei mit angeschlossenem Café ist eine Institution in Hamburg, der mit Abstand größte Laden auf unserer Tour und der erste, in dem André nicht mit Handschlag begrüßt wird. Immerhin nickt die Chefin ihm zu, als wir reinkommen. Ich habe darauf bestanden, André noch auf einen abschließenden Espresso einzuladen. Er bestellt den fruchtigsten von der Karte und sagt an, wie er zu trinken ist: ohne Zucker und die recht bittere Crema unterrühren. Ich gehorche. Wer bin ich, ihm zu widersprechen?

Zum Abschied am Zug schenkt André mir ein Tütchen Instant-Cappuccino. Trinken soll ich das Zeug natürlich nicht. Es geht um den Gag. Die Herstellerfirma heißt wie André mit Nachnamen. Sonst haben sie nichts gemeinsam.

Einige Tage später bin ich mit einem Freund verabredet. Es ist etwa zwei Wochen vor Weihnachten. Mehr durch Zufall landen wir in einem der angesagtesten Berliner Cafés mit angeschlossener Rösterei, in dem aus Prinzip nur Englisch gesprochen wird. Weil mein Kumpel nicht weiß, was man hier am besten trinkt, bestelle ich auch für ihn einen Flat White. Als wir uns hinsetzen und das stilecht mit Latte Art verzierte kleine Kunstwerk trinken, ertappe ich mich dabei, wie ich darüber doziere, warum der Espresso ganz anders schmeckt als sonst: helle Röstung, mehr Fruchtsäure, pipapo. Es scheint ihm trotzdem zu schmecken. Der Freund beschließt, noch eine Packung Espresso als Weihnachtsgeschenk zu kaufen. Er wird doch wohl nicht … doch, tut er: Er lässt die Bohnen mahlen. Soll ich einschreiten? Zu spät! Soll ich ihn trotzdem über den nach dem Mahlen rapide einsetzenden Aromaverlust aufklären, fürs nächste Mal? Ihm die Freude an seinem Geschenk nehmen? Natürlich nicht. Ich schluck's runter und trinke aus. Man kann es auch übertreiben mit der Bescheidwisserei. Auch wenn ich mir nicht jeden Mist andrehen lasse: Eine Wissenschaft draus zu machen liegt mir fern. Am Ende ist es doch nur Kaffee.

Der Hobbyist rät:

Das Leben ist zu kurz für schlechten Kaffee. Probieren Sie Röstungen aus kleinen Betrieben und alternative Brühmethoden.

L wie Lesen

(hätte auch Live-Rollenspiele werden können)

Mit dem Lesen ist das so eine Sache. Lesen – das Hobby schlechthin. Darf in keiner Akademikerselbstauskunft fehlen. Signalisiert Intellektualität, Interesse an der Welt und den Dingen in ihr. Wer liest, kann kein Idiot sein. Wer liest, gehört zwangsläufig zu den Guten. Lesen ist das wohlfeilste Hobby überhaupt – wenn es denn überhaupt ein Hobby ist.

Denn die wenigsten lesen wirklich aus freien Stücken und Leidenschaft: Man MUSS lesen, um sich im Alltag zurechtzufinden (Straßenschilder, Klingelschilder, Preise im Supermarkt) oder um auf dem Laufenden zu bleiben (Zeitung, Kontoauszüge, E-Mails). Darin liegt das Problem: Das Müssen ist der größte Feind der Muße. Nicht wenige sind etwa durch die Schullektüre auf Jahre hinaus für die Literatur verloren.

Ich lese gern und alles, Zeitungen und Magazine sowieso, aber auch Flyer, Beipackzettel und Gedenkplaketten. Ich kann einfach nicht genug davon bekommen. Ich fresse Buchstaben, Wörter, Sätze: Fast Food, das wie ein Big-Mac-Menü aber nicht lange vorhält.

Bücher lesen ist für mich dagegen eher wie das Essen in einem guten Restaurant. Nichts für zwischendurch und auf die Faust. Bücher brauchen Zeit und Muße. Und sie brauchen Konzentration. Mehrere Bücher parallel zu lesen käme mir daher nicht in den Sinn. Klar könnte ich das auch, aber ich will nicht, warum auch?! Ich will wirklich in die Handlung eintauchen, mich vorübergehend einmieten in dem Buch. Ein Zweit- und Drittwohnsitz ist nichts für mich. Dafür bin ich wohl zu treu.

Es gehört zum Wesen der Dinge, die man gern tut, dass man sie gern noch häufiger tun würde: Ich würde auf jeden Fall gern mehr Bücher lesen, komme aber im Alltag nicht recht dazu (was natürlich auch was mit meinen Prioritäten zu tun hat: Lieber gehe ich in die Kneipe als mit Buch allein zu Hause zu bleiben). Entsprechend ausgehungert stürze ich mich im Urlaub auf den mitgeschleppten Bücherstapel. Zwecks Nachschub hoffe ich auf die Bibliotheken in den Hostels. Es ist ein Nichtlesern schwer zu beschreibendes Glücksgefühl, wenn man Tausende Flugkilometer vom heimischen Bürgerregal entfernt auf ein Buch stößt, das man ungelesen zu Hause zurückgelassen hat, obwohl man es sich schon lange mal vornehmen wollte.

Dass Lesen und Reisen so gut zusammenpassen, liegt aber nicht nur daran, dass man im Urlaub die Zeit und Muße für ein Buch hat, die im Alltag fehlt, sondern mindestens ebenso sehr an dessen Funktion als mobile Behausung auf Zeit. Gerade wenn ich mich besonders fremd fühle, ein bisschen entwurzelt gar, irgendwie verloren, tröstet es ungemein, ein Stück Vertrautheit im Rucksack zu wissen, in das ich mich zurückziehen kann, wann immer und wie lange ich möchte (zumindest bis zur letzten Seite). Manchmal zwinge ich mich regelrecht dazu, Seiten zu »rationieren«, damit es nicht SO schnell vorbei ist. ZU schnell ist es aber trotzdem meist vorbei.

Im Studium war ich mal kurz Mitglied eines Buchclubs. Es hat mir nicht wirklich gefallen. Zwar hat der Club mich diszipliniert, regelmäßig zu lesen, aber ich habe es nicht vor allem um des jeweiligen Buches willen getan, sondern um beim nächsten Treffen mitreden zu können, mir keine Blöße zu geben. Es war ein bisschen wie Schule, ein bisschen zu sehr wie Schule.

Eine Freundin hat neulich in ihrem Blog über alle Bücher geschrieben, die sie 2013 gelesen hat. Es waren 17. Im ersten Moment fand ich das ein bisschen prätenziös, aber als ich anfing, den Artikel zu lesen, schnell eine schöne Idee, weil das Aufschreiben einen zwingt, sich über das Bauchgefühl beim Lesen hinaus noch mal mit dem Buch auseinanderzusetzen. Ich schreibe zwar kein Tagebuch; ans Schreiben als Instrument der (Selbst-) Erkenntnis glaube ich aber trotzdem und damit daran, dass es jener Freundin Klarheit über die Bücher gebracht hat, die sie vorher nicht hatte. Und als Nebenaspekt fielen dabei noch ein paar Leseempfehlungen und -warnungen ab.

Während ich dies schreibe, sitze ich in einem Haus auf dem Land, fernab jeder Ablenkung des städtischen Alltags. Ich schreibe viel und ich lese viel. Meistens nach dem Aufwachen eine Stunde im Bett – ausnahmsweise mal ohne nach zwei Seiten einzuschlafen! Oder in der Badewanne. Oder … oder … oder … Ich bin mir des Luxus dieser Regelmäßigkeit bewusst. Klar wäre es schön, das in meinen Alltag rüberretten zu können, aber ich glaube nicht wirklich daran. Doch das ist okay. Auch wenn ich nur im Urlaub so richtig dazu komme, würde ich Lesen als eine Art Hobby von mir bezeichnen – als Spar-Hobby, wenn man so will. Die Einschränkung macht es für mich nur noch wertvoller, weil ich mich dann umso leidenschaftlicher, ja regelrecht ausgehungert, auf meinen Lesestoff stürze.

Wenn mich also das nächste Mal jemand nach meinen Hobbys fragt, werde ich antworten: »Lesen, ja, wirklich – wenn auch viel zu selten!«

Der Hobbyist rät:

Lesen Sie unbedingt mal wieder Ihr Lieblingsbuch, um zu überprüfen, ob alte Liebe wirklich nicht rostet. Und verschenken Sie »Der Hobbyist«!

M wie Mixtapes

(hätte auch Motorradfahren werden können)

In der einzigen Disco meiner Heimatstadt Mettmann, die ich zwar nicht mochte, wo ich mangels Alternative aber doch fast jedes Wochenende auflief, spielte der DJ jede Nacht – zumindest kommt mir das in der Erinnerung so vor – »Like The Way I Do« von Melissa Etheridge. Dieser Song wird für mich immer mit diesem Ort verbunden sein, mit dieser Lebensphase, dem Rauswollen und Noch-nicht-Rauskönnen. Dem Warten auf das große Danach. Nach dem Abi. Nach der Kleinstadt.

Dieses Gefühl kennt, glaube ich, jeder: Musik als Zeitmaschine. Lieder als Wegmarke. Eine ganze Oldie-Show-Branche lebt gut davon, dass sich 60-Jährige wieder wie 20 fühlen, wenn sie Eric Burdon hören. Die emotionale (Suggestions-)Kraft von Musik ist unerreicht. Die Gefühle des Sängers verschmelzen mit denen des Hörers zu etwas Drittem, einer Art individueller Standortbestimmung.

Mit den bemitleidenswerten Menschen, die mit Musik nichts anzufangen wissen, kann wiederum ich nichts anfangen. Es macht mir erst recht großen Spaß, die eigene Begeisterung an andere weiterzugeben, Freunden Bands zu empfehlen oder – sofern noch vorhanden – CDs zu leihen oder zu schenken. Am meisten von sich preis gibt man aber mit selbst zusammengestellten Compilations. Womit wir beim Hobby von Jacob wären, den ich auf dem Geburtstag einer gemeinsamen Freundin kennenlerne. Er verschenkt Mixtapes an Freunde und Bekannte – nicht mehr auf Kassette oder CD, sondern zum Download, als eine Art Lebenszeichen eines mobilen jungen Mannes.

In seiner Mittagspause treffe ich ihn in einem Frankfurter Café. Ganz in der Nähe arbeitet er in einem Buchverlag. Die Literatur ist seine zweite Leidenschaft neben der Musik. Er liebt die Sprache, das merkt man. Er spricht so schön über sein Hobby, dass ich mich mal lieber ein bisschen zurückhalte und Jacob erst mal erzählen lasse: »Mein Vater, damals Roadie beim Konzertveranstalter Marek Lieberberg, hatte eine riesige Plattensammlung, und weil ich, wenn ich ihn jedes zweite, dritte Wochenende besucht habe, keinen Bock auf Fernsehen hatte, habe ich mich an den Plattenspieler gesetzt und mich da durchgehört. Was mir gefallen hat, habe ich auf Kassette aufgenommen und an Mädchen verschenkt, die ich toll fand.«

Jacobs Leidenschaft beginnt also, wie so viele Geschichten, mit dem Wunsch eines (jungen) Mannes, Frauen zu beeindrucken.

Hat es denn funktioniert? »Ja, doch. Schließlich habe ich mir viel Mühe gegeben mit der Zusammenstellung der Songs und der Gestaltung der Tapehüllen. Und weil ich da Liebe reingesteckt habe, kam auch ab und zu Liebe zurück.« Das mit den Mädchen wurde aber recht schnell zur Nebensache: »Es hat mir einfach Freude gemacht, mir Gedanken über die Abfolge von Songs zu machen, darüber, wie man es schafft, dass sie miteinander sprechen, ein Konzept in die Auswahl reinzubringen.«

Jacob hat ein Ventil für seine Kreativität gefunden – eine Art, sich selbst mithilfe der Songs anderer auszudrücken. Das macht mir schon beim Zuhören gute Laune. Was für ein schönes Hobby! Als alle plötzlich mit selbst gebrannten CDs um sich warfen, legte Jacob erst mal eine Pause ein und fing erst 2007 wieder an, Mixtapes zu verschenken, diesmal aber mit verändertem Konzept: »Ich wollte die Verbindung zu Freunden und Bekannten halten, weil ich in den letzten Jahren ziemlich häufig umgezogen bin und von einigen nur sehr wenig mitbekommen habe und umgekehrt. Statt Massen-E-Mails zu schreiben, habe ich also angefangen, etwa 50 Leuten alle acht, neun Monate ein Mixtape mit einem kleinen persönlichen Text zu schicken.«

Wenn ich besser mit Jacob befreundet wäre und in den Genuss dieser kleinen Aufmerksamkeiten käme, würde ich mich geehrt fühlen. Bei Massen-E-Mails hingegen fühle ich mich manchmal abgespeist. Die haben so was Wahlloses, Unpersönliches. Die Mixtapes kamen und kommen entsprechend gut an. Jacob bekommt viel Feedback darauf: »Viele bedanken sich für das Tape, schicken vielleicht noch Musik, die sie selber mögen, und schreiben, wie es ihnen in den letzten Monaten ergangen ist. Einer wollte auch mal eine neue CD haben, weil er die alte so häufig im Auto gehört hatte, dass sie kaputtging.«

Im Gegensatz zu einer Massen-E-Mail regen Jacobs Mixtapes zu einer Reaktion an, sei es in Form einer Mail oder sogar, indem man sich mit eigener Musik revanchiert. Sein Hobby animiert also nicht nur ihn selbst, sondern auch andere. Ein Dialog entsteht. Nur die Art des Feedbacks stellt ihn nicht immer zufrieden: »Was leider kaum vorkommt, sind Kommentare zu den Feinheiten, zur Machart der Tapes. Deswegen war es für meine Motivation total wichtig, dass mein Freund Jan eingestiegen ist, der ähnlich verrückt nach Musik ist wie ich und mir Rückmeldungen gibt, die die Tapes besser machen.«

Die Zusammenarbeit hat die Tapes verändert, aber auch schon die Arbeit daran: Seit Jacob nach Frankfurt gezogen ist, führt er mit Jan eine musikalische »Fernbeziehung«: Der Kumpel wohnt in Berlin. »Es ist viel mehr Abstimmung nötig, um ein Wochenende zu finden, an dem wir beide genug Zeit und Hirn haben, um von Freitagnachmittag bis Sonntagnacht an einem Ort nur Musik zu hören. Wir haben das aber auch schon mal per Skype gemacht, als ich in Delhi lebte und Jan in den USA. In diese Sessions gehen wir mit einer Vorauswahl, haben uns vorher schon fleißig Songs hin- und hergemailt, unseren Senf dazugegeben und ausgesiebt. Wir machen auf den Tapes halbe-halbe, haben am Anfang der Sessions etwa 25 Songs und am Ende dann die etwa 16, die es aufs Tape schaffen. Das geht nicht ohne Diskussionen ab, bleibt aber meistens friedlich.«

Ehrensache, dass sie die Titel nicht einfach hintereinanderklatschen: »Wir gucken, welche Übergänge funktionieren und welche nicht, legen danach die Reihenfolge fest. Und dann kommt das Gefrickel: Mit einer Schnitt-Software baue ich Übergänge, schneide überflüssiges Geschwalle weg oder füge Ausschnitte aus Filmen oder Hörspielen ein, manchmal verlängere ich auch einen Beat um vier, fünf Sekunden. Das geht ganz einfach, wenn man sich einmal reingefummelt hat. Mit dem Brennprogramm kann man dann noch ein, zwei Sekunden Invertierungen machen, die man im Rohschnitt nicht hinbekommen hat. Das ist ein bisschen wie Malen: Du malst über die Leinwandgrenzen hinaus und kannst es dann abschneiden, wo es passt.«

Jacob hat einen hohen Anspruch an die Qualität der Tapes. Schließlich soll ja jedes einzelne von ihnen sitzen, sowohl technisch als auch inhaltlich. Und auch in rechtlicher Hinsicht überlässt er nichts dem Zufall: Jedes neue Tape wird bei der Gema angemeldet. »Da das weit über die erlaubten sieben Privatkopien hinausgeht, halte ich es nicht nur für juristisch, sondern auch für moralisch geboten, die Komponisten und Textdichter zu unterstützen, auch wenn die Recherche der Urheber unglaublich zeitaufwendig ist. Stars wie Jay-Z brauchen meine Kohle zwar nicht mehr, aber für viele Musiker zählt jeder Euro, der über die Verwertungsgesellschaften reinkommt.«

Es finden sich auch Songs von Stars wie Daft Punk oder eben Jay-Z auf den Tapes – aber bloß nicht die Hits: »Die Single-Auskopplungen brauchen mich nicht. Ich fühle mich eher dem verpflichtet, was früher mal B-Sides hieß und durch den digitalen Musikvertrieb leider hinten runtergefallen ist: sperrigere, vielleicht auch etwas seltsame Tracks. Ich habe auch kein Problem damit, ein siebenminütiges Schlagzeugsolo auf einem Tape unterzubringen. Meine Mixtapes sind ein unverbindliches Angebot an den Hörer, auch mal was anderes, Schräges zu hören. Wer damit nichts anfangen kann, soll ruhig weiterskippen.«

Versteckte Perlen protegieren will Jacob also mit seinen Mixtapes – Anwalt guter, unterrepräsentierter Musik sein. Mehr noch: Ein bisschen missionieren will er auch. »Dabei missioniere ich eigentlich total ungern, nicht bei Lebenseinstellungen oder politischen Ansichten, noch nicht mal bei Büchern.

Wenn jemand nicht gern liest, würde ich ihm kein Buch schenken. Bei Musik dagegen stört es mich sehr, dass zu viel Scheiße zu viel Erfolg hat. Man muss nur mal den falschen Radiosender einschalten oder im Bus mithören, was da so aus den Kopfhörern dröhnt. Ich missgönne wirklich niemandem seinen Erfolg, aber diese Übermacht des Mülls weckt bei mir einen gewissen missionarischen Eifer.«

Lobbyarbeit für gute Musik ist aber nur ein Teil seines Antriebs, nicht mehr als ein Nebeneffekt. Im Mittelpunkt steht für ihn der schöpferische Prozess an sich. »Ich mache das primär für mich, für die Befriedigung, die es mir gibt, etwas von A bis Z zu produzieren, von der ersten Idee bis zum fertigen Tape. Es gibt mir einen Sinn für Grenzen und Möglichkeiten innerhalb eines bestimmten definierten Rahmens, im Fall der Audio-CD, an der wir uns immer noch orientieren, sind das maximal 80 Minuten oder etwa 22 Tracks. Künftig wollen wir uns aber auf weniger, sagen wir 12 oder 13 Titel, konzentrieren. Während des Studiums hatte ich das Gefühl, ständig an einem riesengroßen Strumpf zu stricken, ohne jemals fertig zu werden. Das fand ich frustrierend. Im Hobby, aber auch im Job, brauche ich das Gefühl, voranzukommen.«

Kein Wunder also, dass Jacob nicht viel Zeit mit Rückblicken vergeudet: »Das wichtigste Tape? Immer das nächste! Natürlich gibt es Tapes, die ich besonders mag, etwa ›Schneeweiß‹, ein saugeiles, gedämpftes Wintertape aus der Anfangszeit mit Songs von Neil Young und Crosby, Stills and Nash, das von außen so aussieht, wie es heißt. Ich setze mich aber nicht hin und sage: ›Ich will zurück in diese Zeit‹, und höre mir dann das

Tape an. Es ist doch viel aufregender, sich über etwas Neues Gedanken zu machen.«

Wenn er ein altes Tape dann doch mal wieder hervorkramt und reinhört, bekommt auch Jacob die beschriebenen Flashbacks: »Dann weiß ich wieder ganz genau, was in dieser Zeit in meinem Leben passiert ist. Ich zurre verschiedene Gegenwarten zu einer zusammen, die ich dann mit dem Tape festhalte. So funktioniert Erinnerung für mich. Andere schreiben dafür Tagebuch, ich habe meine Tapes.«

Jacobs nächstes soll auf jeden Fall auch seinen Umzug von der Spree an den Main thematisieren. »Das wird ein Bastard zwischen Berlin und Frankfurt, Arbeitstitel ›Franklin‹. Als das letzte Tape entstanden ist, war ich noch in Delhi. Keine Ahnung, wie Frankfurt klingt, aber definitiv anders als Berlin. Das versuche ich gerade herauszufinden.«

Jacobs Begeisterung für seine Tapes, die Arbeit daran und vor allem die Musik an sich mag ich sehr. Die viele Liebe, die er in die Tapes steckt und die aus seinen Worten spricht. Und sie stimmt mich nachdenklich. Wenn ich mein iTunes durchgucke, fällt mir auf, dass viele Songs, die ich mag und häufig höre, auch schon wieder fünf, sechs, sieben Jahre alt sind – von den acht, neun, zehn Jahre alten ganz zu schweigen: Wenn ich nicht aufpasse, lebe ich irgendwann nur noch in der Vergangenheit, also in musikalischer Hinsicht.

Die Mixtapes von Jacob und Jan helfen mir dabei, musikalisch nicht frühzuvergreisen, nicht zum Redundanzhörer zu degenerieren, zum Bauer, der nur frisst, was er kennt. Es sind Songs dabei, Interpreten, einige, von denen ich noch nie in meinem Leben gehört habe. Spielarten der Popmusik, die ich nicht spontan benennen könnte. Beim ersten Mal sitze ich da und höre einfach nur zu. Da wird mir bewusst, wie oft Musik – außer auf Konzerten – nur Hintergrundberieselung für mich ist, ein Grundrauschen gegen die Stille. Sie ist da, aber ich nehme sie nicht mehr richtig wahr.

Das einzige Mixtape, das ich spontan zusammenstellen könnte, wäre daher eines mit den zwölf wichtigsten Songs der ersten 32 Jahre David. Hier ein erster Entwurf: natürlich Melissa Etheridge mit »Like The Way I Do«, außerdem Oasis mit »Don't Look Back In Anger«, The Notwist mit »Consequence«, Alanis Morissette mit »Ironic«, Kettcar mit »Ich danke der Academy«, Shout Out Louds mit »Please Please Please«, Cat Power mit »The Greatest«, The National mit »Slow Show«, Mr. Big mit »To Be With You«, Green Day mit »Basket Case«, Fury In The Slaughterhouse mit »Every Generation Got Its Own Disease« und Die Toten Hosen mit »Alles aus Liebe«. Nächste Woche – ach was: morgen – kann die Liste schon wieder ganz anders aussehen.

Wichtig jedenfalls ist, dass auch ein paar Songs drauf sind, die einem mit Abstand etwas peinlich sind. Denn auch der erlesenste Musikgeschmack war nie so erlesen wie heute. Meiner begann mit Rolf Zuckowski und den New Kids On The Block. Jeder, der behauptet, immer nur coole Bands gehört zu haben, der lügt.

Als Einladung zu meinem 18. Geburtstag habe ich auch eine Art Mixtape verschickt. Auf der ersten Seite war eine kleine Radioshow über – ähem – mich mit meiner Lieblingsmusik, auf der zweiten war »Platz für dich«. Leider haben nur die we-

N wie Nacktbaden

(hätte auch Nordic Walking werden können)

Mein Name ist David Denk, und ich habe einen eher kleinen Penis, auch wenn meine Nase ziemlich groß ist. (Eat this, Volksmund!) Aber was soll man machen? Andere haben einen eher kleinen Kopf, und das kann man mir nun wirklich nicht nachsagen! Wäre es mir etwa lieber, überdurchschnittlich viel zwischen den Beinen zu haben und unterdurchschnittlich wenig in der Birne? Klare Antwort: Ja, sicher – aber höchstens für ein paar Stunden, Tage vielleicht, zum Ausprobieren, mit Rückgaberecht. Das sind so meine Gedanken, während ich mich ausziehe und allerlei fleischige Prügel, groß wie Schweinefilets, an mir vorbeiparadieren. Sie müssen nicht mal strammstehen, um einschüchternd zu wirken. Das erledigt ihre natürliche Autorität. Unwillkürlich will ich mir die – warum auch immer eingepackte – Badehose überziehen, tue es auch, komme mir darin aber sofort so lächerlich vor, dass ich sie gleich wieder ausziehe.

Da muss ich jetzt wohl durch.

Es ist FKK-Abend im Berliner Stadtbad Neukölln, und ich bin hier, weil ich mal gucken möchte, wie das so ist, in aller Öffentlichkeit nackt zu sein. Es soll ja Menschen geben, die das regelrecht genießen, und ich spreche nicht von Exhibitionisten, die im Park den Mantel lüften. Erster Eindruck: Geht so.

Ich meine, mitleidige Blicke auf meinem verschämten Gemächt zu spüren.

Da es Winter ist, musste ich mich zum Nacktbaden an einen Ort begeben, den ich sonst meide: Hallenbäder gehören für mich zu den tristesten Plätzen überhaupt, weil selbst ... (hier bitte individuelles Sexsymbol einsetzen) mit nassen Haaren schlechter aussieht als ... (hier bitte individuelle Hassfigur einsetzen) mit Magen-Darm-Grippe. Von Chlorgestank, Adilettendichte und Bevormundung (Bitte nicht vom Beckenrand springen) ganz zu schweigen. Ästhetik hat in Hallenbädern offenbar Hausverbot. Das gefällt mir ganz und gar nicht. Also gehe ich selten schwimmen – auch wenn das meinem Rücken sicher guttun würde.

Ich googelte also »FKK Berlin« und landete, erster Treffer, auf der Seite eines laut Eigenwerbung »High Class Erotic Wellness- and Saunaclubs«. Das ist ja mal wieder typisch. Da will man ganz ohne Hintergedanken nur mal ein bisschen blankziehen und selbst Google denkt nur an das Eine: Schlappe 80 Euro kostet der Spaß, inklusive Frühstücks- und Abendbuffet, desinfizierter Badeschuhe und Eintritt in »2 ansprechende Erotik-Kinos (Übertragung von Sport-Events)«. Der Laden hat aber natürlich noch mehr zu bieten: »60 Euro für die halbe Stunde besten Sex, FO und Verkehr« kämen noch obendrauf. Mal gucken, vielleicht gehe ich bei der nächsten Fußball-WM zum Naked Viewing, könnte lustig werden, aber fürs Erste will ich nicht in den Puff, ich will einfach nur nackt sein.

Zum Glück entdeckte ich dann aber die FKK-Zeiten des Stadtbads Neukölln, samstags vormittags und abends zur Prime-time. Ist mit 2,80 Euro nicht nur deutlich preiswerter, sondern auch unverfänglicher.

Zweiter Eindruck: Hier gibt es definitiv mehr zu sehen als im Samstagabendfernsehprogramm. Allein den beleibten Herrn, dessen zahlreiche Körperfalten mich an Reisterrassen erinnern, könnte ich stundenlang studieren – der Zauber der menschlichen Anatomie zieht mich in seinen Bann. Jetzt ist eins ganz wichtig: Bloß nicht starren! Gucken ist okay. Natürlich gucke ich. Alle gucken. Man sollte sich dabei nur besser nicht erwischen lassen. Das würde gegen den FKK-Knigge verstoßen: Die Triebe müssen draußen bleiben (auch wenn Nacktheit natürlich ein Trigger ist).

Von sexueller Erregung bin ich trotzdem recht weit entfernt – nicht nur, weil ich weiß, was sich gehört, sondern auch, weil hier krasser Männerüberschuss herrscht. 95 Prozent, würde ich mal tippen. Eine der wenigen Frauen, die ich entdecke, bedeckt ihre Brüste mit dem Unterarm, sobald sie aus dem hüfthohen Wasser auftaucht. Es sieht fast so aus, als hätte sie Angst, dass die beiden geklaut werden könnten. Ihr Freund weicht nicht von ihrer Seite. So richtig wohl scheint sie sich nicht zu fühlen. Ich würde ihr gern sagen, dass sie keine Angst haben muss, aber das käme sicherlich schräg rüber und außerdem weiß ich ja gar nicht, ob das überhaupt stimmt. Man kann den Mitbadenden ja nur auf den Schniedel gucken und nicht in den Kopf.

Mir dagegen geht es gut. Ich ziehe meine Bahnen und genieße die Leichtigkeit des Körpers unter Wasser (auch untenrum). Nur an all die durchs Becken treibenden Haare, von denen ich bestimmt schon ein Büschel geschluckt habe, darf ich besser nicht denken. Da wundere ich mich doch lieber über die vielen Schwimmbrillen ringsum. Klar, so eine Brille hat ihre Vorzüge, aber hier kommt sie mir irgendwie deplatziert vor, ungefähr so überkandidelt wie inflationär gebrauchte Präpositionen auf einer Speisekarte. Vielleicht geht es den Schwimmbrillenträgern ja darum, sich überhaupt irgendwie von den anderen abzuheben, denn von den Eigenheiten der jeweiligen Anatomie mal abgesehen, ist dieses Becken natürlich der ultimative Gleichmacher. Noch nicht mal am Badedress lässt sich erahnen, was die anderen in der Welt da draußen so treiben und wie viel Geld sie damit verdienen.

Sobald ich allerdings aus dem Wasser steige, fühle auch ich mich wieder unwohl, schwer vor allem, richtig fett, wie ein Nilpferd auf Landgang. Wenn ich extra dafür bezahlt hätte, könnte ich jetzt noch in die Sauna gehen. Aber sonst gibt es wirklich keinen Grund, hier noch weiter rumzuhängen. Während es im Sommer am FKK-Strand ja vor allem um nahtlose Bräune und Entspannung geht, manchen auch um Befreiung von den (textilen) Fesseln der Zivilisation und Rückkehr zur Natur, kommt man zum FKK-Baden im Schwimmbad vor allem zum … Schwimmen. Okay, außer der Typ da hinten am Beckenrand, der hockt einfach nur im Wasser, hat sich in der letzten halben Stunde keinen Millimeter vom Fleck bewegt. Wenn ich eine Frau wäre, würde ich meine Brüste wohl auch in Sicherheit bringen. Oder steht er auf Männer? Vielleicht ist er auch einfach nur mit offenen Augen eingeschlafen, das würde seine Regungslosigkeit erklären. Ich flüchte mich in mein Handtuch und gehe.

Mich wieder anzuziehen fühlt sich an wie nach Hause kommen. Endlich wieder in Sicherheit! Ich habe mich eigentlich nie für besonders schamhaft gehalten und glaube immer noch nicht, dass ich das in besonderem Maße bin, aber nackt bedeutet eben nicht nur »unbekleidet«, sondern auch »ungeschützt«, auf seinen Körper zurückgeworfen. Man hat viele Hemden und Hosen, aber nur dieses eine Mängelwesen darunter. Der nackte Mensch ist gewissermaßen ganz bei sich. Ich empfinde das weniger als Befreiung denn als Einschränkung. Das muss man wollen und dann aushalten. Weh tat's nicht, aber mir reicht's fürs Erste. Angezogen gefalle ich mir einfach deutlich besser. Allmählich entspannt sich auch mein Gemächt wieder.

Der Hobbyist rät:

Um Nacktbaden genießen zu können, muss man mit seinem Körper im Reinen sein. Wer das nicht ist, lässt seine Badehose besser an.

O wie Onlinepoker
(hätte auch Origami werden können)

Plötzlich haben alle angefangen, Poker zu spielen. War es wegen »Casino Royale«, dem ersten Bond-Film mit Daniel Craig in der Hauptrolle? Ein cooler Hund, skrupellos, mutig und unergründlich, wie gebacken also für dieses Kartenspiel. Sein Pokerface muss er nicht erst aufsetzen, das hat er immer an, am Spieltisch genauso wie beim Flirt mit der schönen Vesper Lynd.

Mir sagt man nach, dass man immer sofort sieht, was ich denke. Und ich bin eine mathematische Null. Eine Nullkommanull. Beste Voraussetzungen also für eine steile Pokerkarriere. Ich habe es trotzdem mal versucht, nicht im edlen Casino, sondern bei einem Kumpel zu Hause. Die Einsätze waren niedrig – meine Begeisterung noch geringer.

Den anderen Jungs schien es zu gefallen: Karten spielen, Whiskey trinken, Zigarre rauchen. Ich langweilte mich fürchterlich. Weil ich die Regeln nicht verstand, aber auch weil mich dieses pseudomackerhafte Gehabe anödet. Männer, die sich für Hugh Hefner halten, nur weil sie wissen, wie man einen Zigarrenschneider benutzt. Chapeau, meine Herren, Chapeau!

Oderpseudomacker der Nation ist ja Boris Becker und damit die ideale Werbefigur für den großen Onlinepoker-Anbieter, der ihn prompt unter Vertrag genommen hat. Klar, man kann sich seine Fans nicht aussuchen, aber es spricht nicht gerade fürs Pokern, dass Becker so leidenschaftlich (und geschäftstüchtig) dabei ist.

An Vorurteilen mangelt es mir also nicht, als ich mich mit meinem Kollegen Bernd – der aufmerksame Leser kennt ihn schon vom Boulen – zu einer Partie Onlinepoker verabrede. Bernd ist ein leidenschaftlicher Journalist – und ein leidenschaftlicher Hobbyist zugleich. Im Grunde also genau so, wie ich gern wäre. Als wir unsere iPads rausholen und uns in die App einloggen, staune ich: Knapp 180.000 Spieler aus aller Welt tummeln sich außer uns gerade bei diesem Anbieter. Die Amerikaner unter ihnen dürfen wegen ihrer Glücksspielgesetze nur Spielgeld setzen – nichts für Bernd: »Poker ohne Geld ist doch komplett sinnlos«, meint er. »Es geht um Gewinnen oder Verlieren, dazwischen gibt's nichts.«

Trotzdem fangen wir an einem der Spielgeldtische an, den Nichtschwimmerbecken der Pokerwelt. Wir spielen Texas Hold' em, die beliebteste Variante. Sieben bis neun Spieler nehmen virtuell mit uns Platz: Wie überall hier sind viele Russen darunter, die sich hinter kryptischen Nicknames verbergen. Meiner lautet »davethebr447«. »davethebrave« war leider schon vergeben. Was einschüchternd wirken sollte, wirkt jetzt … gar nicht mehr.

Man kann nicht sagen, dass Bernd sich keine Mühe mit mir geben würde. »Beim Poker geht's darum, eine Idee davon zu bekommen, was der andere auf der Hand hat«, erklärt er. Im Grunde sei es »ein Frage-Antwort-Spiel«: »Ich behaupte mal, ich habe die bessere Hand. Glaubst du mir?« Das lohnt sich aber längst nicht immer: »Man spielt nur etwa jede vierte Hand«, sagt Bernd. »Der Rest ist zu schlecht, den schmeißte weg.«

Dafür müsste man aber erst mal wissen, welche Kartenkombination wie viel wert ist: Zwar habe ich mich vorher im Internet ein bisschen eingelesen, aber hängen geblieben ist wenig. Bernd versucht es noch mal mit einem mitgebrachten Kartenspiel. Drilling, Straße, Full House, Flush – in meinem Kopf verklumpen all diese Informationen zu einem undefinierbaren Batzen. Und was war gleich noch mal ein »Kicker«? Und was waren diese »Overcards«?

Dumm fühle ich mich, strunzdumm. IQ knapp über Raumtemperatur. Bernd versucht mich zu beruhigen: »Ich habe 12, 13 Pokerbücher gelesen und bin immer noch nicht besonders gut.« Richtig gute Pokerspieler seien »Brainiacs«, die alle Kalkulationen und Wahrscheinlichkeiten verinnerlicht hätten und online problemlos an mehreren Tischen parallel spielen können. Pius Heinz etwa, der deutsche Pokerweltmeister von 2011 – Nickname »MastaP89« – hätte »Tausende von Stunden mit Onlinepoker verbracht, bevor er zum ersten Mal an einem Turnier teilgenommen hat«, sagt Bernd. Man könne sich »fürchterlich reinfummeln« in dieses Spiel. »Und je weiter du vordringst, desto aufregender wird es.«

Heinz hat sogar ein Buch veröffentlicht, in dem er alle seine Hände auf dem Weg zur Weltmeisterschaft analysiert. Bernd könnte man damit sicher eine Freude machen, mir nicht. Da blättere ich lieber ein bisschen im Telefonbuch rum. Es ist hoffnungslos. Machen wir's kurz: Pokern ist kein Hobby für mich. Es interessiert mich einfach nicht. Das entscheidet sich bei mir ziemlich zügig. Manchmal wünschte ich, ich wäre nicht ganz so (vor)schnell in meinen Urteilen, aber unterm Strich fahre ich damit doch recht gut, zumal ich bereit und in der Lage bin, Vorurteile, die sich als solche herausstellen, zu revidieren und fortan das Gegenteil zu behaupten. (Allzu oft kommt das aber – natürlich – nicht vor.)

Bernd geht eine rauchen. Und lässt mich mit meinem Spiel – Einsatz 1,50 Dollar – allein. »Einfach nur die Hand beschützen«, rät er mir. Und noch eine Weisheit hat er auf Lager: »Man kann nur das verlieren, was man selbst setzt.« Da sitze ich nun also, tippe ein bisschen auf dem Display meines iPads rum, wenn ich an der Reihe bin, und schaffe es doch tatsächlich, meinen Punktestand ein wenig zu erhöhen. Wie ich das gemacht habe? Keine Ahnung. Wirklich keinen blassen Schimmer. Das nennt man dann wohl Anfängerglück.

»Ein bisschen wie Bingo«, nennt Bernd meine Spielweise, als er zurück ist. Ich nehme an, das ist eher kein Kompliment, frage aber nicht nach. Zum Dank übergebe ich ihm wieder das Kommando. Dabei soll doch eigentlich ich spielen. Aber mir macht es viel mehr Spaß, ihm zuzugucken, wie er kurz irgendwas im Kopf überschlägt und dann seine Entscheidung trifft. Im Vergleich zu mir ist er Pius Heinz höchstselbst. Wenn er mich ermahnt, selbst zu spielen, mache ich einen Vorschlag, aus dem Bauch heraus – woher sonst? –, den ich dann, halblaut einen Denkprozess simulierend, zur Diskussion stelle.

Obwohl ich keine Ahnung habe, wird mir nicht langweilig, weil mich Bernds Faszination fasziniert. Irgendwas muss dran sein am Pokern. Außer neureich-breitbeinigen Whiskey- und

Zigarrenposereien. Es erschließt sich mir nur nicht. Gut, man kann Geld gewinnen, unter Umständen sogar richtig viel Geld, aber sonst? Und es ist eine frickelige Angelegenheit, was zum Reinfuchsen, auch das reizt viele Männer ja. (Frauen fühlen sich von dem Spiel eher weniger angesprochen – wegen des Macho-Images). Vielleicht liegt die Faszination auch darin begründet, dass Pokern dem Leben so ähnlich ist (und letztlich genauso rätselhaft bleibt): Vieles lässt sich antizipieren, einschätzen, planen – und am Ende kommt es dann doch ganz anders, weil man falschlag oder einfach Pech hatte. Poker ist eben nicht nur ein Strategie-, sondern auch ein Glücksspiel. Und das Bestreben, den Faktor Glück kleinzurechnen, diese Anmaßung, ist so aussichtslos wie menschlich – oder sollte man sagen: männlich.

Als Bernd und ich nach etwa zwei Stunden unsere iPads einpacken, habe ich gerade mal drei Dollar verloren – ein überschaubares Lehrgeld. Auf dem Konto liegen jetzt noch gut zehn, eine Art Spende an den Onlinepoker-Anbieter. Ob der mir darüber eine Quittung ausstellt? Verbrauchen werde ich das Guthaben nämlich höchstwahrscheinlich nicht mehr.

Der Hobbyist rät:

Stellen Sie sich ans offene Fenster und werfen Sie ein paar Silbermünzen hinaus. Wenn Ihnen das nichts ausmacht: Melden Sie sich bei einer Onlinepoker-Seite an. Wenn doch: Lassen Sie es besser bleiben.

Sein Beruf: Hobby

Ein Besuch bei Mr. Hobbythek Jean Pütz

Jean Pütz hat da mal was vorbereitet: eine Kanne Kräutertee. (Allein für diesen Satz hat sich der Besuch schon gelohnt.)

In 30 Jahren als Moderator und Mastermind der »Hobbythek« hat Pütz so viel vorbereitet, dass sein Ausspruch in den allgemeinen Sprachgebrauch übergegangen ist. Seit 2004 ist das WDR-Wissenschaftsmagazin Geschichte, aber Pütz lebt und tritt, obgleich auch schon »sieben mal elf Jahre alt«, wie zum Beweis mit seiner Wissenschaftskabarettshow »Pützmunter« immer noch auf Messen, Betriebsfeiern und in Schulen auf. Da können sich die Leute dann mit eigenen Augen davon überzeugen, dass es ihn wirklich gibt, diesen viel parodierten Kölschen Zwirbelbartträger mit der Einstein-Gedächtnis-Mähne, der in Deutschland fast so bekannt ist wie das Genie mit der rausgestreckten Zunge.

Ein Besuch bei Jean Pütz ist auch eine Zeitreise in eine analogere Welt, in der man den kostenlosen »Hobbytipp« zu jeder Sendung mit einem Brief an die Redaktion bestellte, dem man einen frankierten Rückumschlag beilegte. An Onlineshopping war noch nicht zu denken, die Läden schlossen werktags um 18.30 Uhr und am Samstag schon um 14 Uhr (wenn nicht früher). Kein Mensch sprach von Work-Life-Balance, Entschleunigung, Sabbatical oder gar Burnout – alle hatten mehr Zeit und Muße. Zumindest kommt mir das aus heutiger Perspektive so vor.

In dieser kleineren, behaglicheren Welt war Jean Pütz eine Institution, genau wie dieser Raum im Souterrain, der in keinem gutbürgerlichen Eigenheim fehlen durfte: der Hobbykeller. Hinter dessen Tür widmete sich der Hausherr (die Gattin hatte zur Entfaltung ja die Küche und den Garten) abends und am Wochenende in bevorzugt holzgetäfelter Rustikalität seinem »Steckenpferd«, wie es in diesem Land vor unserer Zeit auch hieß: Tischtennis, Heimorgel, Kronkorkensammlung, frühe Computerspielereien und natürlich allerhand Basteleien zur Verbesserung der vorstädtischen Lebensqualität. Jean Pütz, der Doyen der deutschen Do-it-Yourself-Gemeinde (heute würde man sagen: Community), sorgte mit seiner »Hobbythek« drei Jahrzehnte lang dafür, dass Hobbykeller-Deutschland nie die Ideen ausgingen. Das Bundesverdienstkreuz wurde ihm dafür seltsamerweise nie verliehen. Verdient hätte er es.

Jean Pütz serviert den Tee, ganz leger in Jeansshorts und blau-weiß kariertem Trachtenhemd, in seinem Haus bei Essen. Vom Wohnzimmer aus hat man einen unverbauten Blick ins Ruhrtal und damit ziemlich genau das, was der Besitzer im übertragenen Sinne für sich beansprucht: Weitsicht. Ohne dass ich ihn danach gefragt hätte, erzählt mir Pütz, dass er ja immer einen »Volkscomputer« entwickeln wollte, »der allerdings nicht mehr als 500 Mark kosten sollte«, noch vor dem Internet, auf BTX-Basis. »Die Komponentenproduzenten haben aber nicht richtig mitgespielt.« Ein guter Freund habe ihm das dann einige Jahre später »sozusagen abgenommen«, indem er einen großen Discounter mit ins Boot geholt habe. Man muss auch gönnen können, sagt der Rheinländer. »Mir ist egal, wer der Urheber ist – Hauptsache, das Problem wird gelöst«, sagt Pütz.

Dass er bei der Entwicklung als »Ratgeber« fungiert habe, lässt Pütz allerdings nicht unerwähnt, genauso wenig wie seinen Anteil an der Gründung einer »Wissenschaftspressekonferenz« mit dem Credo, das auch seines ist: »Wissen darf niemals nur Herrschaftswissen sein.« Es brauche also gewissermaßen eine »Mafia der Vernunft«. Keine Frage, wer deren legitimer Pate ist. Das alles erzählt Pütz, da ist das Gespräch noch keine zehn Minuten alt – und keine meiner Fragen beantwortet.

Eigentlich bin ich hier, um mit »Mr. Hobbythek« über Hobbys zu sprechen. Doch schnell wird klar: Der Mann hat keine. Oder eine ganze Menge – je nach Perspektive. Ausgerechnet er, der Millionen Deutsche über Jahrzehnte dazu animiert hat, die Wohnung zu renovieren, mit Unkraut zu kochen oder eine Gesichtscreme anzurühren, ist auch im Ruhestand noch so mit seinem Beruf verwachsen, dass er gleich seine Lebensleistung vor mir ausbreitet.

»Jean Pütz Wissenschaftsjournalist« steht auf seiner Homepage. Das ist er, das wird er immer bleiben. Er, ursprünglich ausgebildet zum Elektromechaniker, dann zum Diplomingenieur der Nachrichtentechnik und schließlich zum Lehrer für Mathe und Physik, der aber auch noch ein Soziologiestudium abgeschlossen hat, sei eben »ein Mensch, der so breit angelegt ist, dass ich in der Lage bin, Zusammenhänge zu erkennen«. 70 Prozent der Menschheit hält Pütz für »Analphabeten, weil sie nicht in der Lage sind, einen Text zu lesen und dessen Aussage zu erfassen«. Insofern hält der »Überzeugungstäter« das tägliche Werkeln an seiner Homepage jean-puetz.net, dieser »Wikipedia der glaubwürdigen Wissenschaft«, für enorm wichtig, ja begreift es geradezu als Verpflichtung, sein Wissen weiterzugeben: »Mein Hobby ist Neugier.«

Die Themen der »Hobbythek« fanden Pütz und seine Redaktion stets im Alltag. »Ich habe immer nur Hobbys aufgegriffen, bei denen ich vermitteln konnte, was dahintersteht«, sagt er. Pütz spricht von einem »trojanischen Steckenpferd, um Wissenschaft und Technik jedermann plausibel zu erklären«. Die Hobbys waren für ihn nie Selbstzweck, immer Instrument der Wissensvermittlung. Das Ziel war (Selbst-)Optimierung – ein besseres, nachhaltigeres, gesünderes Leben. Kurz gefasst: Die sogenannten Hobbys waren gar keine – zumindest nicht für ihn. Dinge um ihrer selbst willen zu tun ist Pütz wesensfremd. Für den Wissenschaftsfan zählt immer der Effekt.

In gewisser Weise war Pütz damit seiner Zeit voraus. Die kühle Kosten-Nutzen-Abwägung ist doch eher ein Produkt unserer heutigen, durchoptimierten Zeit. Was bringt (mir) das? Was nichts bringt, ist auch nichts wert. So einfach ist das – und so fatal. Es sind schlechte Zeiten für den Selbstzweck, hobbyfeindliche Zeiten. Der »Hobbykoch« etwa wird belächelt, weil es ja »nur ein Hobby« ist, gewollt und bis zum Gegenbeweis nicht gekonnt, ein Stümper mit Leidenschaft, aber ohne Talent. Sonst hätte er sein Hobby ja wohl längst zum Beruf gemacht.

Jean Pütz mag viel wissen über Ernährungsmythen, Liposome und Hunderte weitere Themen aus 345 »Hobbythek«-

Sendungen, aber das Konzept Hobby hat er offenbar nicht richtig verstanden: das Glück der Zweckfreiheit, die Freude am hemmungslosen Herumdilettieren, die Geborgenheit im Augenblick. Er benutzt die Wörter »Hobby« und »Perfektion« in einem Atemzug, ohne darin einen Widerspruch zu sehen. Und er sagt: »Ich bedauere Menschen, die kein Hobby haben.« Sich selbst schließt er dabei natürlich nicht ein, er hat ja die Neugierde.

Jean Pütz macht kein Hehl daraus, wie sehr ihn die »bürokratische Zwangsverpensionierung« mit 65 gekränkt hat. Am liebsten würde er sie abschaffen: »Wenn jemand Spaß an seinem Beruf hat, dann sollte er – auch angesichts der demografischen Entwicklung – einfach weiterarbeiten dürfen.« Seine Reaktion: Er hat die Pensionierung so gut wie irgend möglich ignoriert. Zwar tritt er nicht mehr so häufig im Fernsehen auf, aber gerade am Vortag erst war er mit seinen selbst gemachten Marmeladen in der ZDF-Kochshow »Lafer!Lichter!Lecker!« zu Gast, und dann hat er ja auch noch seine Website und die »Pützmunter«-Shows.

Vor allem aber in seinem Alltag hat er nahtlos da weitergemacht, wo er mit der »Hobbythek« aufgehört hat. Sein Leben ist Projekt geblieben. Auf dem großzügigen Anwesen gibt es einen ökologischen und einen modernen Obst- sowie einen Kräutergarten (»Der ist besser als der von Karl dem Großen«), Rosenbeete und einen stattlichen Teich mit Rotfedern und chinesischen Graskarpfen. Das von Pütz umgebaute Energie-Plus-Haus hat alles, was gut und umweltbewusst ist: eine Zisterne, eine biologische Kläranlage, einen Wärmespeicherofen, eine

Pelletheizung und 24 Zentimeter starke Holzwollplatten zur Isolierung. Sein nächstes Ziel ist es, sich auch beim Strom von externen Anbietern zu emanzipieren. »Es ist auch mein Hobby, so zu leben, wie ich es hier tue.«

Würden Sie unterschreiben, dass Tüfteln und Experimentieren Ihr Leben ist? »Nein. Denken ist mein Leben«, antwortet Pütz. »Ursache und Wirkung zusammenbringen.« Mit den Ergebnissen hat der fünffache Vater und »überzeugte Christ« sogar den Papst konfrontiert, indem er ihm vorgeschlagen hat, »ein elftes Gebot zu kreieren, und zwar: Du darfst die Ressourcen der Erde nur so nutzen, dass unsere Kinder und Kindeskinder die gleichen Chancen haben.« Daraus wurde nichts. Dieses Projekt war wohl selbst für einen Jean Pütz eine Nummer zu groß.

P wie Pferdewetten

(hätte auch Paragliding werden können)

Es ist ein bisschen wie beim Topfschlagen. Die Umgebung ruft: Warm! »Wir bringen Ihre Gesundheit auf Trab« steht an der »Apotheke zum Stift«. Heiß!! Die Kneipe ein paar Häuser weiter heißt »Schaukelpferd«. Immer heißer!!! Auf Höhe der »Traber-Terrassen« müssen wir schließlich rechts abbiegen, vorbei am Seniorenstift »Rosenhof«, zur Trabrennbahn Mariendorf. Pock-pock-pock! Gefunden!

Wie zur Belohnung bekommen mein Kumpel Flori und ich einen Gutschein geschenkt, mit dem wir einmal die drei Euro Eintritt sparen. »Die kriegen später schon noch genug Geld von uns«, sagt der Schnauzbartträger vor uns, der den Coupon aus der Jackentasche zieht. »Ich habe noch genug von den Dingern.«

Pferdewetten – welch herrlich halbseidenen Klang dieses Wort doch hat. »Männliches Laster« mit zwölf Buchstaben. Genauso unvernünftig, wie sich mit 80 in der Dreißiger-Zone blitzen zu lassen, aber nicht ganz so gefährlich und teuer, zumindest nicht zwangsläufig. Ein mythischer Ort ist so eine Pferderennbahn, Begegnungsstätte von Glückspilzen und Unglücksraben, Gewinnern und Verlierern. Jeder will zu Ersteren gehören, den wenigsten ist es vergönnt. Sie kommen trotzdem am nächsten

Renntag wieder, in der Hoffnung, das Blatt möge sich wenden. Tut es vielleicht auch, wahrscheinlich aber eher nicht.

Erster Eindruck: Ihre 100 Jahre – die Trabrennbahn feierte 2013 Jubiläum – sieht man ihr nicht an, die Siebzigerjahre haben hier die deutlichsten Spuren hinterlassen. Und die rund 40 Jahre seither. Viel Beton, undefinierbare Farben, abgewetzte Holzsitze mit Blick auf den Rennkurs. Die architektonische Kühnheit des 1972 eingeweihten Tribünenhauses, gebaut von einem sonst auf Parkhäuser spezialisierten Architekten, wird längst überlagert von der Trostlosigkeit des Überkommenen. »Der Glanz ist weg«, titelte die Berliner Zeitung zum 100-Jährigen und war damit noch viel zu freundlich. »Früher war hier richtig was los«, erinnert sich der Rentner neben uns am Tisch. »Heute ist hier ja nüscht mehr.«

Wir haben keine Ahnung, aber zum Glück haben wir ihn. »Da müssen Se die Nichtstarter streichen«, weist er uns an. Konsequenterweise ist auch das Programmheft nicht auf dem neuesten Stand. Unser Tischnachbar druckt sich die Starterlisten sowieso immer zu Hause aus, ist aktueller und billiger. Seit etwa 40 Jahren kommt der Lankwitzer mit seiner Frau hierher, anfangs noch mit der Tochter, die hier für kleines Geld reiten konnte. 1050 Euro hat er in Mariendorf bei einem Einsatz von einem Euro mal gewonnen. »Immer dran denken«, gibt er uns mit auf den Weg, »richtig reich is noch keener geworden.«

Eingefleischte Pferdewetter wie er erkennen blutige Anfänger wie uns natürlich sofort – an den Fragezeichen im Blick, an den Kreuzchen auf dem Wettschein (Profis machen waagerechte Striche, damit die Maschine sie lesen kann!), aber vor allem daran, dass sie uns noch nie gesehen haben: Die Atmosphäre ist familiär, viele Gäste scheinen ihren Stammplatz zu haben, man sitzt in Grüppchen zusammen und trinkt mitgebrachten Kaffee. Auch das ist billiger.

Wir haben keinen Proviant dabei. Und Flori hat sein Fernglas vergessen. Anfänger eben. Als das Rennen beginnt, sehen wir also nicht so genau, welches Pferd da hinten kurz vorm Horizont gerade welches überholt. Videowände gibt es nicht, nur vereinzelt alte Röhrenfernseher, auch den Rennkommentar versteht man kaum, weil die Tonanlage zu schwach ist. (Dass wir grundsätzlich keine Ahnung von Pferden, geschweige denn Trabrennen haben, kommt noch erschwerend hinzu.) Außer uns scheinen die technischen Mängel aber niemanden zu stören. Unsere Entscheidungen treffen wir anhand der Namen, des bereits kassierten Preisgeldes und der Kurzbeschreibungen, die im Programmheft jedem Starter gewidmet sind. Den ersten Lauf bei der Breeders Crown 2013 gewinnt »Lady Maud« vor »Holly go lightly« und »Graceland«. Meine Favoritin, »Inara«, wird nur Fünfte.

Auch beim zweiten Rennen läuft es für mich nicht besser. Und beim vierten. Und beim fünften. Lediglich in Lauf 3 platziere ich eine »Place«-Wette auf »Indover«, und der Gaul wird tatsächlich Erster. Kein Wunder, gehörte er doch zum Favoritenkreis. Zweiter hätte auch gereicht – je nach Starterzahl sogar Dritter –, so schwer ist das nämlich eigentlich gar nicht, eine »Place«-Wette zu gewinnen. Weil die Wahrscheinlichkeit erheblich höher ist als bei einer Wette auf Sieg, sind die Quoten dürftig. Gerade mal 1,40 Euro bekomme ich ausgezahlt –

bei einem Einsatz von einem Euro. Nein, richtig reich wird hier wirklich keener, erst recht nicht ich.

Flori hat mehr Glück. Seine Laune wird immer besser, meine immer schlechter. Fast in jedem Lauf tippt er irgendwas richtig. So vertraut mir natürlich grundsätzlich das Gefühl ist, auch mal aufs falsche Pferd zu setzen, so sehr ärgert es mich in diesem konkreten Fall. Gemeinsam verlieren wäre okay gewesen, eine Allianz der Unwissenden, aber dieses plötzliche Ungleichgewicht nervt mich mehr als das Verlieren an sich (okay, auch das nervt ziemlich).

Zwischendurch trinken wir ein Radler, essen eine rustikale Kleinigkeit – Flori eine Bulette, ich Kasseler mit Kartoffelsalat – und erkunden das Gelände, platzieren etwa eine Wette im gediegeneren Champions Teehaus, wo man Schnitzel essen und auch auf Rennen in Frankreich setzen kann. Wir halten Mariendorf aber die Treue. Was wissen wir schon von Frankreich?!

Um uns herum, auf den Bänken entlang der wenig einladenden asphaltierten Promenade mit Blick auf die Rennbahn, wird reichlich Sekt getrunken, vor allem von Pärchen mittleren Alters. Extravagante Hüte trägt niemand, kaum einer ist sonderlich aufgebrezelt. Viele Besucher haben einen Picknickkorb dabei, leeren ein, zwei, drei Fläschchen und tratschen. Vereinzelt sind auch jüngere Leute zu sehen, die ähnlich wie Flori und mich die Lust auf ein kleines exotisches Abenteuer aus Kreuzberg und Friedrichshain nach Mariendorf geführt hat.

Es ist ein schöner, friedlicher Sonntagsausflug, aber ein bisschen enttäuscht bin ich schon: Ich habe auf mehr Halbwelt gehofft. Okay, was heißt hier »mehr«? Ich habe überhaupt auf

Halbwelt gehofft. Auf vierschrötige Gestalten, denen man nicht im Dunkeln begegnen möchte. Na, wie in den Filmen halt. Aber: nichts dergleichen. Stattdessen: Blousonrentner und Jeansvolk – harmlos wie Katzenbabys. Was sie vereint: der kleinbürgerliche Traum vom plötzlichen, unverdienten Geldsegen, der die Leute auch zu »Wer wird Millionär?« treibt oder in die nächste Lottoannahmestelle. Mit dem Gewinn könnte man sich dann Wünsche wie eine Kreuzfahrt oder einen Porsche erfüllen.

Nach fünf Läufen und gut zweieinhalb Stunden auf der Trabrennbahn haben wir genug gesehen (und ich verloren). Man kann nicht sagen, dass der Pferdewettenvirus uns infiziert hätte. Loslassen ist überhaupt kein Problem. Wer nicht mehr verspielt, als er sich leisten kann, verspürt eben nicht den Drang, es sich unbedingt zurückholen zu müssen. Wir haben Geld verbrannt, trauern ihm aber nicht nach. Es war der Einsatz für einen vergnüglichen Nachmittag, eine Art erhöhter Eintrittspreis.

Kassensturz: Flori werden 7,90 Euro ausgezahlt, mir auch nach nochmaliger Durchsicht meiner Wettscheine nur die bereits erwähnten 1,40 Euro. Ich habe zehn Euro verspielt, Flori 13 – fürs Abendessen reicht's also noch.

Auf dem Weg zum Ausgang resümiert Flori: »Irgendjemand hat jetzt unser Geld.« Dem ist nichts hinzuzufügen.

Der Hobbyist rät:

Wenn Sie sich fürs Wetten gern mal so richtig herausputzen wollen, dann fahren Sie lieber nach Ascot als nach

Mariendorf. Es sei denn natürlich, Sie möchten sich mal richtig fehl am Platze fühlen.

Q wie Quarkkuchen backen

(hätte auch Querfeldeinlauf werden können)

Es soll ja Menschen geben, die noch nie in ihrem Leben auch nur einen Schluck Alkohol getrunken haben. Und solche, die bis zum heutigen Tag gut ohne Internet durchs Leben gekommen sind. Oder ohne Sex. Krass, was?

Dann halten Sie sich jetzt mal fest.

»Wie, du hast noch nie einen Kuchen gebacken?« Flori, ja mein lieber Freund Flori schon wieder, klingt in etwa so ungläubig, als hätte ich ihm gerade erzählt, dass Tom Cruise mein Vater ist. Ist er natürlich und zum Glück nicht. Aber das mit dem Kuchen stimmt: Ja, ich habe wirklich noch nie einen Kuchen gebacken. Mitgebacken vielleicht, aber nie mit dem Gefühl, gerade selbstständig und eigenhändig einen Kuchen gebacken zu haben. Außer im Sandkasten. Aber das zählt wohl nicht.

Es gibt Menschen, die backen andauernd. Nette Menschen sind das, freigiebige Menschen. Schon aus Selbstschutz würden sie den ganzen Kuchen niemals alleine aufessen. Sie backen gern, ich esse gern – damit ist ja wohl allen gedient.

Und doch ist dieses Buch eine schöne Gelegenheit, auch mal was zurückzugeben und dabei vielleicht ein Hobby zu entdecken, das mich und andere glücklich macht. Ich entscheide mich für einen New York Cheese Cake. Das Rezept habe ich auf der

Website von Bild der Frau gefunden, das scheint mir beim Thema Kuchen eine vertrauenswürdige Adresse zu sein. Und mir gefällt daran, dass man dafür keine Eier trennen muss. Dabei stelle ich mich immer so unglaublich blöd an, dass ich das nie vor Publikum tun würde.

Zu Hause backen geht nämlich nicht. Mein Backofen ist kaputt, schon eine ganze Weile. Also muss ich mich in Floris Küche einladen. Bis jetzt hat mich der defekte Backofen nicht sonderlich gestört. Ich benutze ihn nur selten, eigentlich nie. Merkwürdigerweise ist es für mich daher ein Ereignis, wenn mir irgendwer Tiefkühlpizza oder Schlemmerfilet anbietet. So was kriege ich ja sonst nicht.

Flori erklärt mir seine Küchenwaage und lässt mich dann allein. Lange geht das nicht gut. Wo ist der Vanillezucker, den Flori beisteuern wollte? Wo die Reibe für die Zitronenschale? Und wo der Schneebesen des Handrührgerätes, mit dem ich die Quark-Frischkäse-Masse aufschlagen soll? Viele der benötigten Küchengeräte würde ich, nebenbei bemerkt, auch zu Hause nicht finden – weil ich sie nicht besitze. In puncto Backzubehör ist meine Küche Entwicklungsgebiet.

Das Rezept ist ziemlich einfach gehalten, trotzdem kommt mein Backexperiment nicht so recht in Fahrt. Es dauert ewig, bis ich die zerbröselten und mit Butter vermischten Butterkekse für den Boden mithilfe eines Topfes (meine Idee!) einigermaßen gleichmäßig in die Springform gedrückt habe. Und die Quark-Frischkäse-Masse lässt sich zwar einfach anrühren, aber umso schwerer verteilen. Der Spachtel, mit dem ich mein Bestes gebe, hat ganz offensichtlich ein Problem mit Linkshändern.

Ich fühle mich wie früher in der Fahrschule, wo die Aufgabe zwar war, selbstständig das Auto zu steuern, aber immer noch der Fahrlehrer neben einem saß, um zur Not einzugreifen. Mein Fahrlehrer heißt Flori. Als ich mich bei dem Versuch, Himbeermarmelade auf der Kuchenoberfläche zu verteilen, allzu dumm anstelle, nimmt er mir die Gabel aus der Hand und verstreicht sie gekonnt. Betreutes Backen. Auch später, als der Kuchen nach 45 Minuten Backzeit eigentlich fertig sein soll, ich mir aber unsicher bin, ob er das auch tatsächlich ist, muss ich Flori bitten, mal ein fachmännisches Auge auf den Kuchen zu werfen. Sein Urteil: Der braucht noch was.

So schön wie auf dem Rezeptfoto sieht das Ergebnis zwar nicht aus, aber mein erster Kuchen schmeckt, wie ein Cheese Cake schmecken muss: frisch, cremig, zitronig, mit einem Hauch Himbeere. Auch wenn er nicht zu 100 Prozent mein Werk ist: Ich bin zufrieden. Und Flori ist es auch. Wir essen beide zwei dicke Stücke. Der Appetit anderer ist ja für den Bäcker (oder Koch) das größte Kompliment. Mal gucken, ob ich es beim nächsten Mal – und es wird ein nächstes Mal geben – schon ganz alleine schaffe. Auto fahren habe ich ja irgendwann schließlich auch gelernt.

Der Hobbyist rät:

Kleine (Kuchen-)Geschenke erhalten die Freundschaft. Und man selbst kriegt ja auch was ab.

R wie Rumhängen

(hätte auch Reiten werden können)

Harald Juhnke wäre ein glühender Fan des »Flori Friday« gewesen, hat der große Entertainer doch, ohne dass Flori oder ich ihm je begegnet wären, das Motto unserer liebsten Freizeitvergnügung geprägt, ein Bruder im Geiste: »Keine Termine und leicht einen sitzen.« Ist das nicht ein Sensationsmotto? Bündiger könnte kein Mensch zusammenfassen, worum es beim von mir spontan so getauften »Flori Friday« geht.

»Keine Termine und leicht einen sitzen« – das war Juhnkes Vorstellung vom Glück. Unsere ist es auch. Zumindest manchmal. (Bei Juhnke lief das ja irgendwann leider ein bisschen aus dem Ruder.) Wann immer Flori und ich unter der Woche am selben Tag freihaben, treffen wir uns zum »Flori Friday«. Das muss nicht unbedingt an einem Freitag sein, aber besser ist es, weil man so entspannt ins Wochenende gleiten kann, die Aussicht einfach schöner ist als die auf einen weiteren Arbeitstag.

Flori und ich kennen uns aus dem Studium, wo fast jeder Tag ein »Flori Friday« war. In den Tag hineinzuleben war nicht die Ausnahme, sondern die Regel. Zwischendurch mussten wir zwar auch mal zur Uni, aber im Wesentlichen waren wir mit Rumhängen beschäftigt; voll ausgelastet, könnte man auch sagen. Hier zwei Kaffee, da drei Bier, langweilig wurde uns nie.

Damals wäre ich nicht im Traum auf die Idee gekommen, dass das ein Hobby sein könnte – es war mein Leben. Aber je schwieriger es geworden ist, den sonstigen Verpflichtungen einen ganzen (!) freien Nachmittag abzutrotzen, desto bewusster versuche ich, versuchen wir, diese kleine Tradition zu pflegen und so regelmäßig wie möglich, alle zwei Monate vielleicht, einen Termin zu finden. Ja, doch, der »Flori Friday« ist uns beiden zu einer Art Hobby geworden. Wie eingangs schon erwähnt: Komplett hobbylos bin ich nicht – wer ist das schon?! –, nur bei den wirklich regelmäßigen Aktivitäten, bei der Stetigkeit, da hapert es.

Im Grunde machen wir es wie die Autovermietungen, bei denen der Wochenendtarif ja auch schon freitags um zwölf beginnt: Wir treffen uns irgendwo zum Mittagessen, manchmal auch schon mit Weinbegleitung. Auf jeden Fall aber werden danach Wein gekauft und ein, zwei DVDs ausgeliehen. Damit ziehen wir uns in sein oder mein Wohnzimmer zurück, das wir für den Rest des Tages nur noch verlassen, um Nachschub oder Abendessen zu organisieren und eventuell später noch auszugehen (wozu es aber meistens nicht mehr kommt).

Die Weine sind meistens gut, die Filme eigentlich immer schlecht. Vielleicht verstehen wir sie aber auch nur nicht. Mit dem Weinglas in der Hand versinken wir immer tiefer im Sofa, einer von uns beiden nickt immer weg. Der andere fasst ihm später mehr schlecht als recht zusammen, was passiert ist. Die Sorgfalt, mit der wir die Filme in der Videothek aussuchen, steht in keinem gesunden Verhältnis zur Aufmerksamkeit, die wir ihnen später widmen. Am »Flori Friday« sind sie nicht mehr als

Hintergrundberieselung. Es könnte auch immer derselbe Film laufen.

Wir machen also nicht viel am »Flori Friday«, um genau zu sein: so wenig wie möglich. Aber das machen wir gemeinsam! Und bewusst! Dieses institutionalisierte Rumhängen ist was ganz anderes als das Fernsehkoma nach einem anstrengenden Arbeitstag. Wir reden übers Leben oder reißen blöde Witze oder halten den Mund. Wie es gerade kommt. Wir genießen einfach nur die Gegenwart des anderen, die Zweisamkeit. Wir liegen uns in den Armen, ohne uns in den Armen zu liegen. Der »Flori Friday« verströmt Vertrautheit, ja Geborgenheit. Dafür liebe ich ihn, das möchte ich nicht mehr missen.

So ein »Flori Friday« ist der kürzeste Wellnessurlaub, den ich kenne. Danach bin ich zwar möglicherweise verkatert, aber immer erholt, glücklich (und habe in den meisten Fällen sogar noch zwei Tage Wochenende vor mir!). Der Terminkalender hat mich schon früh genug wieder im Griff. Ich will ja nicht missionieren, aber … wenn der »Flori Friday« eine Botschaft hätte, dann wäre es die: dass man einen Tag auch nutzen kann, indem man ihn verstreichen lässt.

Der Hobbyist rät:

Verbringen Sie mehr Zeit mit Ihren Freunden. Machen Sie zusammen auch mal nichts.

S wie Spotting

(hätte auch Siebdruck werden können)

So viele spanische Touristen können nicht irren: Berlin ist immer eine Reise wert. Und von Leipzig aus ist es noch nicht mal weit. Aber Andy ist nicht in die Hauptstadt gekommen, um den Reichstag zu besichtigen oder Kreuzberger Nächte durchzufeiern, nein, Andy ist hier, um Flugzeuge zu fotografieren. Flugzeuge. Zu. Fotografieren. Der Brite, der gerade in Leipzig arbeitet, ist Spotter oder mit den Worten seiner Frau ein »Plane Spotting Freak«. Unter diesem Nickname veröffentlicht er auch seine Fotos im Internet. Andy scheint kein Problem damit zu haben, für einen Freak gehalten zu werden.

Flughafen Tegel, Besucherterrasse: Für zwei Euro Eintritt können Spotter wie Andy dem Flugsteigring aufs Dach steigen. Es ist ein Freitag im Dezember, das Wetter mild und klar, gute Fotografierbedigungen also, aber außer Andy und mir ist jetzt, um die Mittagszeit, niemand auf dem weitläufigen, leicht maroden Areal aus Waschbetonplatten zu sehen. Bevor man die Plattform betreten darf, muss man sich der gleichen, vielleicht nicht ganz so gründlichen Sicherheitskontrolle unterziehen wie die Passagiere eine Etage tiefer. Es kommt also sogar ein Hauch Urlaubsstimmung auf, auch wenn man anschließend den startenden Flugzeugen nur hinterhergucken kann.

Mir würde das nicht reichen. Mein Vater war Flugkapitän. Sein Job hat abgefärbt: Ich bin schon immer gern und viel gereist, zuerst mit meinen Eltern, später allein oder – am liebsten – mit meinem Bruder. Und ich mag Flughäfen, dieses ständige Kommen und Gehen, Menschen im Transit, die Luft voller Abschiedsschmerz, Ankunftsfreude, aber vor allem Verheißung. Zum Flughafen zu fahren, ohne wegzufliegen, kann man zwar schon mal machen, wäre aber auf die Dauer eher nichts für mich. Ich gehe ja auch nicht in den Supermarkt, um mich nur mal ein bisschen umzugucken. Ich will nicht – in Deckung: Sparwitz! – spotten, aber Spotting erscheint mir auf den ersten Blick so attraktiv wie ein Coitus interruptus.

Andy hingegen schwärmt von den Bedingungen in Tegel: »ein Paradies für Spotter«. In England gebe es solche Terrassen nicht, sagt er und fotografiert die abhebende Maschine einer türkischen Fluglinie. »Die sieht man bei uns ziemlich selten.« In seiner Heimat müsse man als Spotter an einer geeigneten Stelle durch den Flughafenzaun hindurchfotografieren, eine Befürchtung, die Berliner Spotter auch für den neuen Großflughafen BER hegen. Die dort geplante Terrasse sei zum Fotografieren wenig geeignet, »eher für Tante Herta, die noch mal hinterherwinken will«, sagt Oliver.

Ich treffe ihn in einer Gaststätte gleich neben seinem Arbeitsplatz. Wegen Job und Familie sieht man ihn nur noch selten selbst an den Berliner Flughäfen, aber als Betreiber von berlinspotter.de ist Oliver, der auch seine Magisterarbeit über Plane Spotting geschrieben hat, eine Institution in der Szene. Seit 1998 gibt es die fotolastige Website mit regem Forum, in dem

»die Hardcorespotter sich gegenseitig bespaßen«. Früher ist er auch schon mal in der Mittagspause losgezogen, wenn sich eine besonders seltene Maschine angekündigt hatte, heute denkt er sich »Die kommt wahrscheinlich eh noch mal« – am praktischsten wäre am Wochenende – und geht was essen.

In den letzten Familienurlaub, nach Kroatien, sind sie aus Kostengründen mit dem Auto gefahren. Ganz ohne Flugzeuge geht es dann aber doch nicht: »Im Urlaub muss schon der örtliche Flughafen besichtigt werden.« Dafür eist sich Papa dann ein paar Stunden von der Familie los und macht seine Fotos.

Oliver hat sein Hobby zum Beruf gemacht. Er arbeitet als Redakteur mit Schwerpunkt Luftfahrt, doch entgegen anfänglicher Befürchtungen hat die Faszination Spotting darunter nicht gelitten.

Wie jeder Sammler ist auch Oliver getrieben von einem »Archiviergedanken«, wie er es nennt. Die Maßgabe ist es, von jeder Airline, jedem Flugzeugtyp und jeder Sonderlackierung zumindest ein Foto in seiner längst digitalisierten Sammlung zu haben – ein gelinde gesagt ehrgeiziges Vorhaben. »Alle paar Jahre gibt's ne neue Bemalung, dann geht der Zirkus wieder von vorne los«, resümiert Oliver. Es ist unrealistisch, dass die Sammlung je komplett sein wird. Das weiß er selbst am besten. Und doch ist Oliver kein Sisyphos, ist die Liebesmüh, die er in seine Sammlung steckt, keine vergebliche: Der Weg ist das eigentliche Ziel, das Sammeln an sich, der eine Schritt, den man der Komplettierung mit jedem neuen Foto näher kommt, ohne sie je zu erreichen. Vorrangig sind die Fotos für Spotter Dokument ihrer Bemühungen, die Ästhetik spielt eine untergeordnete Rolle – auch wenn startende Maschinen als Motiv besonders beliebt sind. Vor dem Ordnen und Sortieren steht die Jagd. Die hat sich durch das Aufkommen des Videotexts und vor allem später durchs Internet fundamental verändert: Als Oliver um 1986 herum in Ostberlin anfing, Flugzeuge zu fotografieren, musste er sich noch auf den »Buschfunk« verlassen, wann es sich lohnen könnte, zum Flughafen Schönefeld rauszufahren, oder er fuhr auf gut Glück hin; heute kann jeder Laie zivile Flugzeuge anhand von Registrierung oder Flugnummer online orten. Überraschungen sind ausgestorben, Spotting ist ein berechenbareres Hobby.

Auch der Reiz des Fernwehs hat gelitten. Wenn Oliver heute einem startenden Flugzeug nachblickt, war er eben inzwischen in vielen Fällen schon am Zielort – nicht selten geschäftlich, auf Einladung der Fluggesellschaften. Eine chinesische Maschine kann ihn nicht mehr begeistern wie früher. Die Sehnsucht ist weg. Um dieses Gefühl wieder erahnen zu können, müsse er zufällig über ein altes Dia stolpern, sagt er.

Dass Oliver seinem Hobby trotz allem über die Wende hinaus, über drei Jahrzehnte hinweg, treu geblieben ist, hat wohl viel mit der Macht der Gewohnheit zu tun und mit einem diffusen Gefühl der Verpflichtung der Sammlung gegenüber, die einen irgendwie »im Griff« habe. »Man hat jahrelang etwas aufgebaut und will keine allzu großen Lücken aufreißen lassen«, sagt Oliver. Er macht weiter, weil er einmal damit angefangen hat.

Mit Geld jedenfalls hat das Durchhaltevermögen nichts zu tun, denn der Wert seiner Sammlung ist rein ideeller Natur. Verkaufen ist keine Option (auch tauschen übrigens eher nicht, weil viele Spotter die Flugzeuge unbedingt selbst »erlegt« haben wollen). Das verbindet den Spotter mit dem Autogrammjäger und unterscheidet ihn etwa vom Kunstsammler, dessen Kollektion nicht selten auch eine Kapitalanlage darstellt. Der alte Sinnspruch »Schönheit liegt im Auge des Betrachters« gilt für Sammler in besonderem Maße. (Auf die Spitze treiben das jene Spotter, die Flugbewegungen nur mit Fernglas und Block zum Notieren der Registrierung festhalten. Das versteht außer ihresgleichen wirklich niemand.)

Mir persönlich kann kein Flug lang genug sein (außer der Flieger ist übervoll und der Hintern schmerzt). Ich genieße die geschenkte Zeit, lese, schaue Filme oder döse vor mich hin. Auch wenn sich zufällig Gespräche mit dem Sitznachbarn ergeben, freue ich mich – meistens. Oliver hingegen macht sich nichts aus dem Fliegen an sich. Zum einen sei er für die Holzklasse »ein bisschen verdorben« durch die Geschäftsreisen in der Business Class, zum anderen seien Flugzeuge von innen langweilig: »Da sehen die doch alle größtenteils gleich aus.« Ein ziemlich lustiger Satz, wenn man bedenkt, dass die meisten Menschen eine Boeing auch von außen nicht von einem Airbus unterscheiden könnten.

Oliver und auch Andy wissen als gute Spotter natürlich genau, warum ein Flugzeug fliegt, aber dass es das tut, nährt ihre Faszination doch mit jedem Start aufs Neue. »Wie sich dieses tonnenschwere Monstrum unter lautem Getöse in die Luft erhebt«, sei immer noch und immer wieder ein schöner Anblick, sagt Oliver. Und Andy: »Ich wünschte dann, ich säße drinnen und würde an einen schönen Ort fliegen.«

Meine Beziehung zu Flugzeugen ist weniger emotional: Für mich sind sie vor allem Mittel zum Zweck, für Spotter wie Oliver und Andy sind die Maschinen selbst das Ereignis. Nur knipsen und hinterhergucken ist mir dagegen zu wenig. Die nächste Reise ist schon in Planung: Vietnam würde mich reizen.

Der Hobbyist rät:

Auch für Nicht-Spotter kann die Besucherterrasse des nächstgelegenen Flughafens ein schönes Ausflugsziel sein.

T wie Tennis

(hätte auch Trekkies werden können)

Die Versuchung ist groß, schon im vorhinein um Gnade zu betteln. Oder am besten gleich wieder abzusagen. Irgendwas mit einer kranken Oma vorzuschieben oder einer Geschäftsreise nach Honolulu. Bloß raus aus der Nummer.

Ich habe es tatsächlich getan: mich mit Oliver Mommsen zum Tennisspielen verabredet, ja genau, dem Bremer »Tatort«-Kommissar. Bin ich verrückt geworden?

Ich weiß nicht mehr, wie wir auf das Thema kamen. Es war wohl beim Deutschen Fernsehpreis, wo man zuerst lange sitzt, um danach viel zu trinken. Das Sprechen war ja auch noch okay, völlig unverbindlich. Ich erzählte Oliver von meinen Tennisstunden als Kind und dass ich den Sport trotz des Spätwerks von Boris Becker immer noch mag und auf der Suche nach einem Hobby gern mal wieder spielen würde.

Dann schnappte die Falle zu.

Ob wir uns in Berlin nicht mal zum Spielen treffen wollen, in seinem Club, fragte er mich. Ich wiederholte, dass ich schon Ewigkeiten keinen Schläger mehr in der Hand gehabt hatte. Ihn schien das nicht zu stören – und ich? Lehnte nicht etwa dankend ab, sondern hörte mich so was sagen wie: Ja, das können wir sehr gern mal machen.

Jetzt ist alles zu spät.

Berlin-Tempelhof, Tennisclub Grün-Gold: Seit unserer Verabredung sind zwar bestimmt zwei Jahre vergangen, aber hier stehe ich nun. Überpünktlich, wie sich das bei einem Prüfungstermin gehört. Das war's aber auch schon mit der Vorbereitung: Weder habe ich vernünftige Schuhe dabei noch einen Schläger. Den muss Oliver mir leihen.

Als er mit dem Fahrrad um die Ecke biegt, wird mir ähnlich flau im Magen wie früher in der Schule, als die irrationale Hoffnung auf eine plötzliche Erkrankung des Mathelehrers am Tag der Klausur durch sein Erscheinen im Klassenzimmer jäh zerstört wurde. Jetzt wird's ernst. Jetzt muss ich liefern.

Während ich mich umziehe, ist Zeit für eine Rückblende: Ich war zehn, als Michael Stich 1991 Wimbledon gewann. Er war mein Held, nicht Boris Becker, den er im Finale mit 6:4, 7:6 und 6:4 wegputzte. Als Rookie mischte der damals schon 22-Jährige die Tenniswelt auf, schaltete auf dem Weg ins Endspiel Jim Courier und Stefan Edberg aus – das imponierte mir Halbwüchsigem natürlich gewaltig. Ich malte mir aus, wie es wäre, wenn ich an seiner Stelle stünde: der Jubel, der Pokal, die Siegesfeier. Auf dem Tennisplatz brachte mich meine Bewunderung für Stich leider kein Stück weiter. Mein Anteil an seinem Triumph beschränkte sich darauf, dass ich auf dem Teppichboden meines Kinderzimmers sitzend den Zeitungsartikel aus der *Rheinischen Post* ausschnitt und auf ein Din-A4-Blatt klebte. Darüber schrieb ich »Matchball zum Sieg« und davor die Uhrzeit – die erste, zugegeben ausbaufähige Überschrift meiner journalistischen Laufbahn. Aber ich war stolz wie Bolle, als hätte ich das berühmteste Tennisturnier der Welt irgendwie mitgewonnen.

Jetzt aber zurück zum Tag der Abrechnung: Es ist Oktober, aber noch so mild, dass wir spontan beschließen, draußen zu spielen. Oliver führt mich auf einen der hinter der Tennishalle versteckt liegenden Plätze, ich bin erleichtert. Vormittags ist hier zwar sowieso noch wenig los, aber trotzdem: Publikum wäre das Letzte, was ich jetzt gebrauchen kann. Es reicht mir schon völlig, gleich vor Oliver blankziehen zu müssen.

Leichtsinnigerweise frage ich ihn, wie lange er schon Tennis spielt, und er antwortet, dass er quasi auf dem Platz aufgewachsen sei, sein Stiefvater war Tennisprofi.

Hil-fe!!

Selten wollte ich so dringend nach Hause wie in diesem Moment. Aber zum Kneifen ist es zu spät. Da muss ich jetzt durch – auch wenn es das Letzte ist, was ich in meinem Leben tue. Sagt Mama, dass ich sie lieb habe!

Um mich zu beruhigen, erzählt mir Oliver, wie viel Spaß es ihm macht, mit seiner Tochter, die ungefähr so alt ist wie ich in meiner Stich-Phase, auf dem Platz zu stehen und einfach nur ein bisschen zu spielen. Sein Stiefvater habe ihn nie unter Druck gesetzt, und genauso halte er es bei seiner Tochter. Nichts sei schlimmer als überambitionierte Eltern, die ihre Kinder in eine Karriere reinzuzwängen versuchten, die sie selbst gern gemacht hätten.

Die ersten Bälle fliegen noch ein bisschen unkoordiniert durch die Gegend, zwei schieße ich auch über den Zaun, auf den von anderen Grobmotorikern angelegten Friedhof der Filzkugeln. Und doch ist nicht zu übersehen, dass ich schon mal einen Schläger in der Hand hatte: Die Bewegungsabläufe funktionieren noch, der Körper erinnert sich, Gedächtnislücken inklusive. Wie Radfahren verlernt man offenbar auch Tennisspielen nicht – was für ein schönes Gefühl! Mann, bin ich erleichtert.

Ich werde immer sicherer, Ballwechsel entstehen, nicht zuletzt natürlich wegen Olivers Souveränität auf dem Platz. Ich entspanne mich, fange an, es zu genießen. Mein Denken ist ganz auf den Ball fokussiert: Er fliegt auf mich zu, ich gehe in Position, hole aus und wenn es gut läuft, höre ich ein sattes Ploppen, bevor er in Olivers Feld landet. Natürlich läuft es nicht immer gut: Bei der Vorhand schwächelt mein Handgelenk, Bälle landen im Netz oder jenseits des Zauns, bei all den anderen, manche erwische ich auch gar nicht erst, weil ich zu langsam bin und für den Becker-Hecht zu memmig.

Als guter Lehrer lobt Oliver mich ausgiebig. Es ist mir beinahe ein bisschen unangenehm, weil er natürlich hemmungslos übertreibt – beinahe, weil es natürlich richtig guttut. Er lobt meine Konzentriertheit und meine beidhändig geschlagene Old-School-Rückhand. Ich stünde allerdings oft noch nicht richtig zum Ball, kritisiert er und empfiehlt mir, kleinere Schritte zu machen.

Als es anfängt zu nieseln, ziehen wir in die Halle um. Das Training geht weiter. Irgendwie fühlen sich meine Bälle plötzlich magisch von der Hallendecke angezogen. Es ist ein Auf und Ab. Von konstantem Spiel bin ich noch weit entfernt, aber es gelingt uns doch, im Kleinfeld auf knapp 80 Ballwechsel zu kommen, etwa 30 mehr als beim ersten Versuch. Als ich schon von der 100 zu träumen wage, ist natürlich das Netz im Weg. Schade, aber nicht schlimm, wirklich nicht.

Nach knapp anderthalb Stunden spricht Oliver zum ersten Mal vom Aufhören, Oliver, nicht ich. Meinetwegen könnten wir noch eine Weile so weitermachen. Ich handele noch ein paar Minuten raus, wie ein Betrunkener, der noch nicht nach Hause will. Ja, ich bin angefixt, beglückt von diesem Wiedersehen mit einem alten Kumpel. Nach Jahren trifft man sich wieder und stellt erfreut fest, dass man sich noch was zu sagen hat – ich kann mich nur wiederholen: Was für ein schönes Gefühl! Den Platz verlasse ich jedenfalls mit wesentlich besserer Laune, als ich ihn betreten habe.

Ich bin Oliver dankbar dafür, dass er dieses Wiedersehen arrangiert hat. Und es soll nicht das letzte Mal gewesen sein! Nach der Arbeit an diesem Buch wollen wir wieder zusammen Tennis spielen – zusammen, nicht gegeneinander. Dafür bin ich nicht bereit, werde es wohl auch nie sein, aber das ist nebensächlich. Was zählt, ist der Spaß an der Kontrolle über den Schläger und damit den Ball, an der Bewegung, am Tunnelblick, am Flow.

Tennis sei ein Sport für alle, die für Teamsport zu ehrgeizig sind, hat irgendjemand mal gesagt. Meine Motivation ist das sicherlich nicht. Um so zu denken, bin ich viel zu schlecht. So denken doch nur die Idioten, die sich maßlos über jeden Schnitzer ihrer Mannschaftskollegen ereifern, als hätte man sie damit persönlich beleidigt. Auch mir ist Individualsport lieber, aber aus ganz anderen Gründen: Da kann ich niemanden aufregen – außer mich selbst.

Bevor ich unter der Dusche verschwinde (ich bin so nass geschwitzt, als käme ich da gerade her), macht die nette Dame vom Clubhaus noch ein Foto von uns – aber erst nachdem ich meine wärmende Jacke übergezogen habe: »Du holst dir sonst noch den Tod.« Erschöpft sehe ich auf dem Foto aus, erschöpft, aber happy. Und genau so fühle ich mich auch.

Ein paar Stunden später schon fühle ich mich um Jahrzehnte gealtert. Der Muskelkater schlägt mit einer solchen Wucht zu, dass ich kaum aufstehen kann. Hinsetzen ist auch nicht viel besser. Es dauert etwa drei Tage, bis ich mich wieder halbwegs normal bewegen kann. Es stört mich nur ein bisschen. Die Schmerzen sind wie das Souvenir von einer Reise, die ich bald noch mal machen möchte. Wenn's nach dem zweiten Mal nicht mehr ganz so wehtut, wär's aber auch okay.

Der Hobbyist rät:

Informieren Sie sich unbedingt vor dem Duell über Ihre Gegner, um böse Überraschungen (Stiefvater Profispieler o. ä.) zu vermeiden.

U wie Ultramarathon

(hätte auch Uhren sammeln werden können)

Ist der Mann noch ganz sauber?

Hier sind die Fakten: Hajo, 64, ist 2013 den Badwater Ultramarathon gelaufen. Und angekommen. Mehr als 200 Kilometer. In rund 40 Stunden. Mit nur kurzen Pausen. Durchs Death Valley. Bei 50 Grad Hitze. In einem Interview sagte er anschließend: »Die ersten 70 Kilometer habe ich unglaublich genossen.«

Der Mann kann nicht ganz sauber sein.

Ja, ich habe Vorurteile, wer nicht. Meine richten sich unter anderem gegen Fitnessfanatiker. Die sind mir suspekt, ach was, die tun mir leid, weil der Küchenpsychologe in mir dahinter immer Probleme mit dem Selbstwertgefühl wittert, Komplexe. Wer nur seinen Sport im Kopf hat, muss eine Macke haben (wie übrigens jeder, dessen Leben sich nur um eine Sache dreht – sagt der Volle-Kanne-Journalist).

Vielleicht ist auch ein Stück Neid dabei, wahrscheinlich sogar. Denn natürlich wäre ich gern fitter. Aber ich bin gefangen im Teufelskreis der Unsportlichen: Weil ich beim Sport kaum Erfolgserlebnisse habe, macht es mir keinen Spaß, und weil es mir keinen Spaß macht, arbeite ich nicht auf Erfolgserlebnisse hin, sondern lasse es gleich bleiben. Ich besitze Laufschuhe. Sie sind fast unbenutzt. Wenn ich mit meinem Körper mal besonders unzufrieden bin, hole ich sie aus dem Schrank, laufe damit einmal ums Karree (also bis das Seitenstechen einsetzt), komme japsend und nass geschwitzt nach Hause, stelle sie wieder in den Schrank und hole sie da so bald nicht wieder raus.

Ich quäle mich eben ungern. Mein Interesse, an die eigenen Grenzen zu gehen, hält sich in ebensolchen. Aber ich gucke anderen gern dabei zu: Eine meiner Lieblingsfernsehsendungen ist die Spielshow »Schlag den Raab«, unter anderem, weil am Ende mit Stefan Raab meistens der körperlich Unterlegene gewinnt – gegen beängstigend durchtrainierte Kandidaten, die nichts lieber tun, als sich in ihrer Freizeit »ordentlich auszupowern«, wie viele übereinstimmend sagen. Raabs Triumphe sind immer irgendwie auch meine.

Nie im Leben käme es mir in den Sinn, auf einen Marathon hinzutrainieren. Damit gehöre ich wohl bald zu einer Minderheit, denn Marathon ist längst Volkssport – sogar der Freund meiner Mutter läuft Marathon: Von 286 Startern beim ersten Berliner Marathon 1974 explodierte die Teilnehmerzahl auf mehr als 40.000 im Jahr 2013. Deswegen wurden die Startplätze für 2014 zum ersten Mal verlost. Nur wer Glück hat, darf also künftig seinen Körper schinden. Für 98 Euro Startgebühr.

Warum tun sich das immer mehr Leute an? Die Gründe sind sicherlich vielschichtig, aber es hat wohl damit zu tun, dass ein absolvierter Marathon eine Leistung ist, mit der sich der Läufer hundertprozentig identifizieren kann. Weil er das geschafft hat und nur er allein. Wer einen Marathon »finisht« , stellt Willenskraft unter Beweis und Durchhaltevermögen. Marathonlaufen passt als Hobby auch deshalb so gut in unsere hobbyfeindliche Zeit, weil eben nicht der Weg das Ziel ist, sondern das Ergebnis im Vordergrund steht. Ein absolvierter Marathon ist Arbeit, ein Erfolg zudem, den man ausnahmsweise nicht teilen muss wie in der teamorientierten Arbeitswelt, in der »Einzelkämpfer« zum Schimpfwort geworden ist. Beim Marathon darf der moderne (Stadt-)Mensch noch Gladiator sein, auf den eigenen Körper zurückgeworfen wie in keiner anderen Lebenssituation.

Mit diesen Gefühlen und Gedanken treffe ich Hajo in einem Kreuzberger Café. Er isst gerade ein Stück Käsekuchen. Wer so viele Kalorien verbraucht wie er, dürfte fünf Stücke ohne schlechtes Gewissen verputzen. Ich falle mit der Tür ins Haus: Ein verrücktes Hobby habe er da. Wirklich?, fragt er. »Mir fallen noch verrücktere Hobbys ein, mit dem Fallschirm von Hochhäusern zu springen zum Beispiel.«

Schon klar, verrückt sind immer die anderen.

Hajo läuft im Moment »nur« 50 bis 60 Kilometer die Woche, verteilt auf drei bis vier Tage, knapp die Hälfte seines normalen Trainingspensums. Nach und nach reduziert er die Dosis, um seinen Körper auf den Entzug vorzubereiten. Denn von Oktober an hat Hajo dreieinhalb Monate lang keine Zeit zum Laufen, weil er arbeiten muss: Er verkauft Feuerzangenbowle auf dem Wolfenbütteler Weihnachtsmarkt. Man könnte Hajo einen Lebenskünstler nennen, denn der Stand ist sein einziger Job.

Und das reicht für den Rest des Jahres?

»Ich weiß nicht, ob ich alleine vom Weihnachtsmarkt leben könnte, aber meine Frau arbeitet ja auch. Die Frage stellt sich also nicht.«

Okay, und die Frage, ob man den Irrsinn überhaupt Hobby nennen kann?

»Über die Frage könnte man sich unterhalten: Wenn man Hobby so definiert, dass das ›normale‹ Leben um einen Aspekt bereichert wird, der im ›normalen‹ Leben sonst nicht vorkäme, ist es keins. Denn das Laufen ist für drei Viertel des Jahres mein Leben. Es ist eine Leidenschaft, vielleicht zum Teil sogar eine Besessenheit. In der Fachliteratur wird ja auch zu Recht diskutiert, inwieweit Suchtverhalten dahintersteckt.«

Bingo! Er sagt selbst, dass er es manchmal übertreibt. Wobei das ein ernsthaft Suchtkranker ja wohl kaum tun würde. Die Reflektiertheit, mit der Hajo über das Laufen spricht, wirkt entwaffnend: Süchtig wirkt er nicht, eher ziemlich klar und aufgeräumt. In durch Verletzungen erzwungenen Laufpausen sei er »schon unleidlich«, gibt er zu. »Man kann also Suchtkomponenten feststellen, aber ich sage mal so: Besser diese Sucht als eine, die dich kaputt macht.«

Hm, da hat er wohl recht. Unglücklich oder gar verzweifelt wirkt er jedenfalls nicht. Im Gegenteil: Mit Hajo sitzt mir ein angenehmer, lebensfroher Typ gegenüber, was er nicht zuletzt aufs Laufen zurückführt: Es habe die positiven Seiten seines Wesens gefestigt. Große Gefühlsausschläge seien ihm fremd, sein Leben sei eher »ein ruhiges Dahinfließen«. Klingt wie aus einem esoterischen Ratgeber, aber ihm nehme ich das ab.

Die »leuchtenden Augen und fesselnden Worte« eines Freundes, der gerade seinen ersten Marathon gelaufen war, haben Hajo mit 42 dazu gebracht, mit dem Laufen anzufangen, besser: wieder anzufangen, denn als Jugendlicher war er auf der Mittelstrecke zu Hause, lief alles zwischen 400 und 1500 Metern. Die Grundlagen in Sachen Kondition und Schnelligkeit waren noch da, sodass er nun, nach Jahren ohne Sport, darauf aufbauen konnte. Nach drei Jahren überlegten Trainings lief er Mitte der Neunziger seinen ersten Marathon. »Der war so gigantisch«, erinnert sich Hajo, »dass sofort klar war, dass das Laufen ein fester Bestandteil meines Lebens wird.« Die Zärtlichkeit, mit der Hajo übers Laufen spricht, rührt mich an. Auch wenn mir sein Ehrgeiz fremd bleibt. »Ich genieße es, mit mir selbst unterwegs zu sein«, sagt er. »Es gibt Leute, die sagen, sie wälzen Probleme, wenn sie laufen – mach ich nicht, kann ich nicht.« Für ihn sei Laufen eher Meditation. »Ich horche in meinen Körper rein, höre den Vöglein zu und freue mich des Lebens. Das Leben hat es gut mit mir gemeint«, sagt er, sei er doch in der glücklichen, privilegierten Situation, verwirklichen zu können, was ihm Spaß macht.

Seit er 2004 zum ersten Mal von Badwater hörte, wollte er unbedingt dort an den Start gehen, »weil der Lauf meine beiden Leidenschaften verbindet«, den Extremsport und die Wüste. »Mir war klar, dass das ein paar Jahre dauern würde«, sagt er. »217 Kilometer läufst du nicht aus dem Stand, auch nicht als Marathonläufer.« Bevor es im Juli endlich so weit war, er die Bedingungen erfüllte und zur Teilnahme zugelassen wurde, hatte Hajo allein 2013 schon sechs Ultraläufe absolviert, also solche, die die Marathonlänge von 42,195 Kilometern überschreiten.

Mir imponiert die Zielstrebigkeit, mit der sich Hajo seinem Traum genähert hat, hartnäckig, aber ohne jeden Leichtsinn.

Auch wenn es zunächst schwerfällt das zu glauben. Immerhin lotet der Mann in einem Alter seine Grenzen aus, in dem andere das Tempo rausnehmen, sich auf den Ruhestand vorbereiten. Er sei in regelmäßiger ärztlicher Überwachung, versichert Hajo. Sein Trainingsplan würde mich umbringen, ihm ist er auf den Leib geschneidert: »Ich versuche schon, die Dinge immer ziemlich gründlich zu machen, nicht nur bezogen auf die Akkuratesse, mit der man etwas macht, sondern auch auf das Maß, in dem man das auskostet. Ich gehöre nicht zu denjenigen, die sagen: Man soll aufhören, wenn es am schönsten ist. Ich sage: Man soll früh genug aufhören. Aber das, was nach dem Schönsten kommt, darf man ruhig noch mitnehmen.«

Diese kalkulierte Grenzüberschreitung zeichnet erfolgreiche Extremsportler aus und ist zugleich ihre Überlebensversicherung. Sie können ihre Grenzen überschreiten und ein Stück weit verschieben, weil sie sie kennen, es nicht überreizen.

Im Rennen freilich leidet die Urteilskraft: Deswegen standen Hajo im Death Valley seine Frau und ein Läuferfreund zur Seite. Als er nach der anfänglichen Euphorie etwa auf halber Strecke in ein Loch fiel, tief wie der Grand Canyon, weil er dachte, dass er das Zeitlimit von 48 Stunden reißen würde, päppelten sie ihn wieder auf, fütterten und massierten ihn, bis er weiterlaufen konnte. »Meine Frau kann mich lesen wie niemand sonst«, sagt Hajo. Es ist der totale Liebesbeweis: Er vertraut seiner Frau sein Leben an. Für sie würde er sofort mit dem Laufen aufhören, sagt er, auch wenn sie das nie von ihm verlangen würde. Rückblickend hat Hajo das Gefühl, dass das gar nicht wirklich passiert ist, »ich die 217 Kilometer gar nicht gelaufen bin«. Der Hajo, dem ich im Café gegenübersitze, habe wenig gemein mit dem Badwater-Hajo, »man transformiert sich in eine andere Existenzform, zumindest mental«. Richtig nachvollziehen könne das aber nur, wer selbst schon mal so ein Rennen gelaufen sei.

Vielleicht ist das der Grund, warum Hajo fast nur noch mit anderen Läufern befreundet ist. Sie verstehen ihn und er versteht sie. Von den früheren Freunden seien »die meisten nicht mitgekommen«, sagt er. Hajo betont den Zusammenhalt unter Ultraläufern, die Hilfsbereitschaft: »Man geht zusammen durch dick und dünn und das hält dann auch außerhalb der Läufe.« Bei Hajo kommt noch etwas hinzu: Für ihn sind die Läuferfreunde die Kollegen, die er nicht hat.

Der Küchenpsychologe in mir musste bei Hajo zwar eine Schlappe einstecken. (Wer ist hier verbissen?!) Trotzdem bin ich noch nicht ganz fertig: Kompensiert er mit dem Laufen unter Extrembedingungen möglicherweise die fehlende Verausgabung durch den Beruf? Macht er sich damit Stress, den er sonst nicht hätte? »Interessanter Aspekt. Kann schon sein. Ich sag mal so: Früher, in meiner Spontizeit, habe ich Leistungsdenken abgelehnt, durch das Laufen habe ich entdeckt, wie motivationsfördernd es ist, auf eine vordere Platzierung hinzuarbeiten. Ein Stück weit hat der Sport also meinen Charakter verändert.«

In Badwater lief Hajo übrigens als 40. ins Ziel, von 81, die dort ankamen. 15 mussten aufgeben. Der Sieger war rund 16 Stunden vor Hajo da. »Akzeptabel« nennt er sein Abschneiden. Akzeptabel heißt in Hajos Welt inakzeptabel. Es sei zwar

»noch nicht spruchreif«, aber die nächste Herausforderung hat Hajo schon im Auge. Er lese zwar auch ganz gern und mache Sudoku, »im Flieger oder abends vorm Einschlafen«, erzählt Hajo. »Aber das ist nicht das, was mein Leben ausmacht. Das ist das Laufen.«

Aufhören wolle er erst, »wenn ich nur noch hinterherhechele. Sage ich jetzt.« Der lange Lauf mit sich selbst ist für Hajo noch lange nicht »gefinisht«. Mein überschaubarer Bewegungsdrang dagegen wird sich auch künftig mit Fahrradfahren und dem einen oder anderen Sonntagsspaziergang zufriedengeben.

Der Hobbyist rät:

Von Hajo lernen heißt siegen lernen: Hören Sie auf Ihren Körper und überfordern Sie ihn nicht. Von null auf Marathon kann nicht gesund sein.

V wie Furry Fandom

(für Rechtschreibfanatiker: Verkleiden, hätte auch Vögel beobachten werden können)

Hinter der Windschutzscheibe von Eycks Volvo klemmt eine Pappe mit der Aufschrift »Your Driver Konu« und der Zeichnung eines Fuchses von anthropomorpher Gestalt. »Konu« ist der Name von Eycks »Fursona«, seinem Alter Ego in der Welt des Furry Fandom, der Szene von Liebhabern vermenschlichter Tierdarstellungen. Kunst und Literatur sind hierbei wichtige Ausdrucksformen, die auffälligste sind die Kostüme, die man in Gegenwart von Furrys aber besser nicht so nennen sollte. Sie heißen Fursuits. Fuchsfan Eyck hat Konu auch als solchen dabei, er bleibt allerdings vorerst im Kofferraum.

Das Misstrauen ist groß: Bevor Eyck und seine Furry-Freundin Franziska – ihre Fursona ist Jorinda, eine Möwe – einem Treffen zustimmen, auf neutralem Terrain, in einem Leipziger Café, wollen sie Näheres zu meinem Buch erfahren. Die Szene war in der Vergangenheit immer wieder ein gefundenes Fressen für Privatfernsehdokus, »die das Ziel hatten, die Leute lächerlich zu machen, um coole Bilder zu bekommen«, wie Franziska sagt. Da werde unter hundert Normalen der eine Peinliche rausgepickt und als repräsentativ für die Szene dargestellt: Erwachsene, die in Tierkostümen durch die Gegend laufen, können in der Logik dieser Formate einfach nicht ganz sauber sein. Dass längst nicht alle etwa 1000 in Deutschland aktiven Furrys auch einen Fursuit besitzen und diejenigen, die einen haben, diesen nur zu besonderen Anlässen tragen und nicht etwa einfach so zum Einkaufen, kommt in diesen Filmen nicht vor, würde es doch die schöne Freakshow kaputt machen.

Für die Biotechnologin Franziska und den S-Bahn-Triebfahrzeugführer Eyck ist es ein ganz normales Hobby. »Es macht mein Leben einfach bunter, mich mit anderen Furrys auszutauschen und mir auszumalen, wie es wohl wäre, in einer vermenschlichten Fantasiewelt als Fuchs zu leben«, sagt Eyck, der seinen kindlichen Tagträumen auch im Erwachsenenalter noch nachgibt. »Während die eine Kollegin am Wochenende zum Tango-Turnier fährt und die nächste ins Karate-Trainingslager, besuche ich eben Furry-Events«, ergänzt Franziska, »meinen Studenten würde ich es aber zum Beispiel nicht auf die Nase binden. Es ist einfach nur ein Hobby, nichts, was ich jedem unbedingt ungefragt aufdränge.« So normal, dass man ganz offen damit umgeht, ist ihr Hobby eben doch nicht. Getuschel und blöde Sprüche schließt Franziska jedenfalls nicht aus.

Zwar betont sie, dass »der überwiegende Teil der Reaktionen schon sehr positiv« sei, aber die Tatsache, dass sie negative Reaktionen für möglich hält, macht mich trotzdem betroffen: Sie tut doch niemandem etwas, also könnte man sie doch gewähren lassen wie jeden Fliegenfischer oder Rennradfahrer. Für Eyck hingegen scheint es ganz normal zu sein, »dass Hobbys, die nicht ganz so typisch sind, immer ein bisschen ausgegrenzt werden«. Wie erklären sie sich diese Intoleranz? »Intoleranz würde ich das nicht nennen, eher Unverständnis«, sagt Franziska. »Für viele ist unser Hobby die totale Zeit- und Geldverschwendung.«

Na und?, denke ich mir: Jeder Jeck ist anders, lautet die oberste Toleranzregel in meiner rheinischen Heimat. Jedem Jeck sein Hobby, würde ich hinzufügen. Schon erstaunlich, wie heftig die Mehrheitsgesellschaft Hobbys ablehnt, die ihr nicht geheuer sind. Ebenso erstaunlich, dass Franziska und Eyck Verständnis für das ihnen entgegengebrachte Unverständnis zeigen. Das irritiert mich. Man spürt überhaupt keinen Groll, Franziska und Eyck umweht hier, bei Stressblocker-Tee und heißer Milch mit Honig, eine nahezu buddhistische Gelassenheit. Offenbar haben sie sich in der Freak-Ecke, in die man sie immerzu stellt, häuslich eingerichtet.

Dabei wärmen sie sich an der Geborgenheit einer eingeschworenen Gemeinschaft, zusammengeschweißt auch durch den Freak-Generalverdacht der Außenwelt. »Die Reporterin einer Lokalzeitung hat mir neulich bestätigt, dass sich auf Furry-Veranstaltungen eher ruhige, freundliche, offene Menschen treffen«, sagt Franziska. Die gegenseitige Akzeptanz sei innerhalb der Szene wesentlich ausgeprägter, sagt Eyck. »Es macht keinen Unterschied, ob jemand Wissenschaftler ist oder auf dem Bau arbeitet. Man trifft sich und hat durch das Hobby gleich eine gemeinsame Ebene.«

Eyck kann sich noch gut an sein erstes Furry-Event erinnern, zu dem er über eine Bekannte kam. »Was sehr auffällig war: Zur Begrüßung wurden keine Hände geschüttelt. Bei den Furrys ist es stattdessen üblich, dass man sich umarmt.« Das habe ihn zuerst verblüfft, »dann mochte ich das aber sehr. Man hat ein bisschen mehr Nähe zueinander.« Auch Franziska spricht von einem »gewissen Gefühl von Gemeinsamkeit, wodurch man Leute schneller kennenlernt«. Vor dem ersten persönlichen Treffen ist sie den meisten Furrys aber ohnehin schon im Onlineforum begegnet – »es macht dem schüchternen Neuankömmling vieles leichter, wenn man schon vorher grob weiß, wie die Leute ticken«. Damit meint sie wohl nicht zuletzt auch sich selbst.

Eyck holt die Fursuits aus dem Auto, neben seinem eigenen auch den von Franziska. Es ist keine Möwe, sondern ein Löwe namens Aleeke. Den Fursuit hat sie einem Fursuit-Bauer abgekauft, es gibt zwei in Deutschland, die das professionell machen; auf das Möwenkostüm, das speziell für sie angefertigt werden muss, spart sie noch. Seinen Fuchs hat Eyck selbst entworfen und gebaut, inklusive LEDs im Kopf, ein Fuchs mit Disco-Modus. Manchmal baut Eyck auch im Auftrag anderer Furrys. Dafür veranschlagt er das Doppelte der Materialkosten, für den Arbeitsaufwand. Neben dem Job braucht er etwa drei Monate für einen Fursuit. Er besitzt auch noch einen gekauften Geparden-Fursuit. Der sei ein »Spitzenmodell«, gekostet hat es das Zehnfache von Franziskas Löwen, 2500 Euro. »Spätestens jetzt ist wohl klar, warum manche Leute uns für Spinner halten«, sagt Franziska und lacht.

Ein Hauch von Schweißgeruch entströmt den Plastikkisten, in denen sie ihre Kostüme transportieren. Am Nebentisch macht ein bärtiger Hipster große Augen, als Franziska und Eyck die kindchenschemamäßig-überdimensionierten Plüschköpfe auspacken. Unwillkürlich werde auch ich wieder zum Kind, das

Kuscheltiere im Spielwarenladen begutachtet: Der Löwe mit seinen Kulleraugen und dem Zottelfell sieht mir zu billig aus, wie seelenlose Massenware, der Fuchs hingegen mit seinem prächtig-orangebraun glänzenden Samtpelz und dem listigen Blick spricht mich sofort an, er strahlt eine Würde aus, der ich mich nicht entziehen kann. Wenn Mama jetzt fragen würde, wen ich mit nach Hause nehmen möchte, würde ich keine Sekunde zögern.

Franziska und Eyck haben sich ihre Vorliebe für Plüschtiere bis ins Erwachsenenalter bewahrt: »Mir gefallen sie, wenn sie eine gewisse Lebendigkeit ausstrahlen«, sagt Eyck. Sobald sie seine Fantasie anregten, er sich spontan eine Story für sie ausdenke, müsse er sie praktisch kaufen. »Wenn sie aber dasitzen wie ausgestopft, kann ich damit nichts anfangen.« Auch Franziska denkt bei ihren etwa 40 Stofftieren gern darüber nach, »was diese Charaktere erlebt haben könnten, was sie ausmacht, wie die so wären, wenn sie lebendig wären«.

Schon komisch: Es ist mittlerweile gesellschaftlich weitestgehend akzeptiert, dass Erwachsene (zumeist Männer) Skateboard fahren oder auf der Spielekonsole rumdaddeln, ohne gleich als zurückgeblieben zu gelten, aber bei Stofftieren ist eine Grenze überschritten. Das gilt nicht als cool, sondern als wunderlich: Aus dem Alter sollte man doch irgendwann mal raus sein, je früher, desto besser. Bei Erwachsenen, die noch mit Stofftieren spielen oder sich gern verkleiden, ist man gleich versucht, schweres küchenpsychologisches Geschütz aufzufahren, ihr Hobby in Richtung Psychomacke zu rücken – warum eigentlich? Wenn es ihnen Spaß macht und sie damit niemanden belästigen, spricht doch nichts dagegen, ein Furry zu sein, oder (Diese Worte richte ich auch ein bisschen an mich selbst, erstaunt über meine eigenen Vorbehalte)?

Klar ist das nicht jedermanns Sache, muss es aber auch gar nicht, denn genau darum geht es doch beim Hobby: seine Individualität zu leben. »Manchmal glauben einem die Leute gar nicht, dass man das freiwillig macht«, sagt Franziska. »Die denken dann, man wäre Maskottchen für irgendeine Firma.« Oder sie denken an Sex – eine besonders hartnäckige RTL2-kompatible Zuschreibung, die Franziska und Eyck ziemlich auf den Geist geht: »Auf Furry-Partys geht es nicht mehr um Sex als auf jeder anderen Party auch«, sagt sie. Und er: »Was die anderen zu Hause machen, ist doch deren Sache. Damit befasse ich mich nicht. Jeder hat seine eigenen Vorlieben.«

Eyck erlaubt mir, eine seiner fünffingrigen Fuchspfoten anzuziehen. Der Effekt ist krass: Die linke Hand fühlt sich fremd an. Sie gehorcht mir zwar noch, aber gehört mir nicht mehr. Die Hand ist ein anderer. Die Verwandlung hat schon begonnen – und das war nur ein Bruchteil des Kostüms. Noch so ein Flashback: die Verkleidungskiste als Schatztruhe, in der man als Kind stundenlang stöbern konnte, auf der Suche nach Möglichkeiten, für die Zeit des Spiels jemand anderes zu sein, aus Kleidungsstücken eine neue Identität zu kreieren. Wieso sollte das bei Erwachsenen nur in der Karnevalszeit akzeptabel sein?

Franziska und Eyck gehen sich umziehen. Eyck braucht eine gefühlte Viertelstunde, Franziska ist schneller wieder zurück, ihr Kostüm besteht nur aus Vorder- und Hinterpfoten, Kopf und Schwanz, ein so genannter Half Suit. Plötzlich ist sie oder besser: der Löwe Aleeke der Mittelpunkt des Cafés. »Papa, guck mal, guck mal«, ruft ein Mädchen aus der hinteren Ecke des Raums. »Viele Kinder kommen gleich auf uns zu und wollen uns umarmen«, hat Franziska vorhin über ihre gelegentlichen Auftritte in der Öffentlichkeit gesagt. Ganz so schnell geht es diesmal nicht, aber das Mädchen und ein Junge nähern sich zumindest schon mal, zögerlich allerdings, einen reichlichen Meter Sicherheitsabstand wahrend. Es dauert drei, vier Minuten, bis Franziska sie pantomimisch dazu animiert hat, einzuschlagen. Aleeke spricht nicht, aber bewegt sich ständig, in einer Minute bestimmt mehr als die Löwen im Leipziger Zoo an einem Tag. Dahinter stecken Gedanken über die Wirkung des Kostüms: Im Gegensatz zu Konus Unterkiefer ist der von Aleeke nicht beweglich, sprechen sähe also »unrealistisch« aus. Und eine regungslose Puppe könnte Kindern Angst machen.

Das Mädchen und der Junge sind verschwunden. Wir setzen uns wieder. Der Kellner macht quer durch den Raum, beinahe verstohlen, ein Handy-Foto, das das Café später auf seiner Facebook-Seite veröffentlichen wird. Füchse und Löwen gehören hier offenbar nicht zu den alltäglichen Gästen. Ich gebe mir Mühe, das Gespräch fortzusetzen, bin aber anhaltend von meinen »neuen« Gesprächspartnern irritiert. Zuerst denke ich, dass es daran liegt, dass ich noch nie zuvor Menschen in Tierkostümen interviewt habe, aber das ist es nicht, verunsichernd ist etwas anderes: dass sie nicht zurückgucken. Es ist unmöglich, Augenkontakt herzustellen – die Kostüme haben zwar Augen, aber die sind kalt, tot, und Franziska und Eyck können zwar mich sehen, aber ich sie nicht. Mir zuliebe den Kopf abzusetzen, kommt aber nicht infrage: Ein Furry ist nur komplett verkleidet oder gar nicht.

»Normalerweise stehe ich ungern vor Publikum«, sagt Franziska, die zumindest ihr Schweigegelübde ausnahmsweise bricht. Doch im Fursuit löse sie »gewisse positive Grundreaktionen« aus, »auf die ich aufbauen kann. Und ich muss nicht reden, auch gut.« Eigentlich wollten wir noch einen Bummel durch die Leipziger Fußgängerzone machen, aber der muss ausfallen. Es regnet. Und ein nasser Fuchs oder Löwe ist kein schöner Anblick. Außerdem bekommt es den Fursuits nicht.

Franziska und Eyck präsentieren und produzieren sich gern in ihren Fursuits. »Man lebt schon die lustigere Seite aus, die man sonst nicht auslebt«, sagt sie. »Zum Beispiel könnte ich als Löwe auf den Spielplatz gehen und schaukeln, ohne dass ich mich fragen lassen muss, warum ich das tue.« Wichtig ist ihnen aber auch, mit Passanten ins Gespräch zu kommen, ihnen zu erklären, was sie da machen. So gut das überhaupt möglich ist. Ich jedenfalls wüsste spontan nicht, wie ich Außenstehenden an ihrer Stelle dieses schräge Hobby erklären würde. Wenn sie sich mit ihren Freunden zu einem Fursuitwalk über den Weihnachtsmarkt verabreden, bekommen sie auch schon mal einen Glühwein geschenkt – nicht der Antrieb für dieses Schaulaufen, aber ein willkommener Nebeneffekt. Zum unfallfreien Trinken brauchen sie dann allerdings einen Strohhalm.

Wir machen noch ein paar Fotos, dann gehen Franziska und Eyck sich wieder umziehen. Auch nach gut zwei Stunden mit den beiden kann ich nicht wirklich behaupten, begriffen zu haben, was sie an ihrem Hobby finden. Die Motive sind schon klar: die Lust am Basteln und an der Verwandlung, die Flucht aus dem eigenen Alltag, die Geborgenheit in einer Gruppe Gleichgesinnter. Doch erklären, warum sie ausgerechnet Furrys geworden sind, können sie nicht und kann ich erst recht nicht. Wie immer war sicherlich auch Zufall im Spiel – aber sonst? Ich kann nicht mehr sagen, als dass es ihnen offenbar großen Spaß macht und sie eine Bestätigung daraus ziehen, die ihnen die Welt da draußen manchmal vorenthält.

Es wäre leicht, Franziska und Eyck zu belächeln oder gar zu bemitleiden, was aber mehr über uns aussagen würde, über unsere Intoleranz, unsere Hybris. Die gute Nachricht ist: Die beiden scheren sich nicht um Vorbehalte ihrem Hobby gegenüber, sondern beharren auf ihrer Individualität – ich bin anders und das ist gut so. Es gehört viel Stärke dazu, dem Mainstream den Mittelfinger zu zeigen, nicht als Pose, sondern als Lebensentscheidung. Das beeindruckt mich.

Letztlich bleibt ihre Welt mir aber fremd. Vielleicht lässt es sich so beschreiben: Ich stehe vor einer verschlossenen Tür, höre aber ganz deutlich, dass dahinter eine Wahnsinnsparty steigen muss. Ich rüttele noch mal an der Tür. Nichts zu machen. Ich drehe um und suche weiter, nach einer Party nur für mich.

Der Hobbyist rät:

Tun Sie Verkleiden nicht als Kinderkram ab. Und seien Sie tolerant gegenüber den Hobbys anderer – so seltsam Sie die finden mögen.

W wie Wikipedia

(hätte auch Wein werden können)

Was weiß ich schon? Ich meine das ernst. Was weiß ich schon? Klar bin ich nicht dämlich, neulich bei diesem Gesellschaftsspielquiz lief's ganz gut und als Telefonjoker bei »Wer wird Millionär?« habe ich sogar schon mal 32.000 Euro mitgewonnen, aber wenn ich genauer drüber nachdenke, erscheint mir das wie Stückwerk, Häppchenwissen. Was weiß ich aber wirklich, welche Zusammenhänge kann ich aus dem Stegreif detailliert erklären, ohne ins Lexikon schauen zu müssen oder eben in die Wikipedia? Mir graut vor dem Moment, in dem mein Kind mich eines Tages fragen wird, warum ein Auto fährt, und ich das erst mal möglichst unauffällig nachschlagen muss.

Wikipedia ist ein so selbstverständlicher Begleiter im Alltag geworden, dass ich mir überhaupt nicht mehr vorstellen kann, wie das war, als man noch jedes Mal aufstehen und zum Bücherregal gehen musste, wenn sich eine Wissenslücke auftat. Und das ist kaum länger als zehn Jahre her. Am 15. Januar 2001 wurde das »Projekt zur Erstellung eines freien Onlinelexikons in zahlreichen Sprachen« gegründet und ist mittlerweile die sechstmeistbesuchte Website der Welt. (Habe ich gerade schnell dort nachgelesen und ausnahmsweise mal die Quelle offengelegt.)

Ich will Wikipedia jetzt nicht mit Pornowebseiten vergleichen, aber in einem Punkt ähneln sie sich doch – in der eher verschämten Nutzung. Zwei Dinge will der Mensch nicht sein: einsam und dumm. Also guckt man heimlich Pornos und fragt nicht gleich nach, wenn man irgendwas nicht weiß, wovon man denkt, dass man es wissen sollte, sondern googelt es und landet dann meistens bei Wikipedia. Und meistens wird man da fündig. Dank Menschen wie Dirk und seiner Frau »Poupou«. So heißt sie bei Wikipedia, und so will sie auch in dieser Geschichte heißen.

Das Ehepaar, sie Juristin, er Sozialwissenschaftler, gehört zum harten Kern der Berliner Wikipedianer, die beiden haben sich bei einem Stammtisch kennengelernt. Verliebt hat sich Dirk dann aber online in Poupous »Diskussionsstil«. Und diskutiert wird viel in der Szene. Für Poupou ist das ein »Mittel zum Zweck, wie beim Turnen hinterher den Mattenwagen wieder in den Geräteraum zu schieben«. Von den virtuellen Hinterzimmern, in denen auch nicht zu knapp rumgepöbelt wird, bekommen die meisten Wikipedia-Nutzer, die nur Artikel lesen und keinen Zugang zum Autorenportal haben, zum Glück nichts mit. Fürs Image der Online-Enzyklopädie wäre das nicht förderlich. »Das ist halt eine doch gar nicht so große Gruppe von Menschen, die seit Jahren aufeinander hockt und alle Probleme der Online-Kommunikation überwinden muss«, sagt Dirk verständnisvoll.

Manchmal wird es beiden aber auch zu viel, dann klinken sie sich aus der Community aus, lassen das Ehrenamt als Administrator ruhen und widmen sich nur noch ihren Artikeln, gelegentlich noch nicht mal mehr das. »In 95 Prozent der Fälle sind die Auseinandersetzungen produktiv«, sagt Dirk. »Doch die fünf Prozent, in denen es unschön wird, bleiben natürlich viel stärker hängen«, gerade wenn man Administrator sei, also im Streitfall vermitteln müsse. Aber der Vorteil eines Hobbys sei es ja, »dass man auch einfach mal sagen kann: Ich mag euch alle, aber das nächste halbe Jahr spiele ich Minigolf.«

Sehr wahrscheinlich könnte es Dirk dann aber nicht lassen, auch darüber einen Artikel zu schreiben oder zumindest den bereits bestehenden zu ergänzen, zu verbessern. Denn so funktioniert das bei Poupou und ihm meistens: Sie stoßen im Alltag auf ein Thema, das sie nicht wieder loslässt, beginnen zu recherchieren (nicht nur im Internet – Ehrensache), graben sich immer tiefer ins Thema ein, schenken sich gegenseitig Bücher darüber, sodass ein Artikel oft den nächsten ergibt. So war das mit den Äpfeln, denen Dirk quasi das Jahr 2013 gewidmet hat: Los ging es mit dem Wunsch, einen Apfelbaum zu pflanzen, daraus entwickelte sich die Beschäftigung mit Apfelbaumkrankheiten und resistenten Sorten, wobei sich immer neue Fragen ergaben, denen er dann auch wieder nachging.

Ihr wisst einfach nicht, wohin mit eurer Neugierde? »Ja, das kann man, glaube ich, so formulieren«, sagt Poupou, die in letzter Zeit viel über berühmte Handtaschenmodelle geschrieben hat, neben ihrer offenkundigen Begeisterung für mittelalterliche englische Dorfkirchen, »eine geheime Leidenschaft von mir«.

Für die Handtaschenartikel hat sie extra einen neuen Benutzer-Account angelegt, »weil ich wusste, dass mein eigentlicher Benutzername bei Wikipedia so bekannt ist, dass es niemand wagen würde, einen Artikel von mir mangels Relevanz zu löschen«. Es war also ein Test. »Ich wollte sehen, wie andere Autoren auf einen neuen Benutzer reagieren, der Artikel schreibt über Handtaschen oder den ›Fantasy Bra‹ eines US-Dessousherstellers.« Und? »Natürlich fanden das einige komplett irrelevant, andere wiederum haben meine Artikel verteidigt.«

Wikipedia sei gespalten in zwei Lager, in Exklusionisten und Inklusionisten. Für Letztere kann es gar nicht genug Artikel geben, Erstere plädieren für Beschränkung. »Ich bin Qualitätsinklusionist«, sagt Poupou. Wenn ein Artikel gut sei, mit Bedeutung aufgeladen und nicht nur rein deskriptiv, könne der Gegenstand auch vermeintlich irrelevant sein. »Man kann auch an einem Pizzakarton die Welt erklären«, ist Poupou überzeugt. Legendär ist Dirks Artikel über WC-Reiniger, »ein saures Reinigungsmittel für Toiletten«, wie es im Text heißt. Die Idee kam ihm beim Putzen.

Angefangen hat alles aber hochgeistig. Dirks erster Artikel behandelte John Stuart Mill, den englischen Sozialforscher und Philosophen, »über den ich Großteile meiner Magisterarbeit geschrieben habe«. Er war noch voll im Stoff, konnte also aus dem Kopf in zwei, drei Absätzen dessen politische Theorie zusammenfassen. »Heute wäre das so nicht mehr möglich, weil es zum einen mittlerweile eine strenge Belegpflicht gibt und zum anderen der Bereich des Allgemeinwissens ziemlich abgegrast ist.« Zwar gebe es immer noch riesige Lücken in der Wikipedia, aber die seien immer mit Recherche verbunden.

Auch Poupou kam über ihren Studienabschluss zur Wikipedia. »Ich bin jemand, der Dinge immer aufschreibt, um sie zu lernen«, sagt sie. »Also habe ich statt Lernzetteln eben Artikel geschrieben, um mir den Stoff anzueignen.« Bis zum Examen habe sie dann relativ viel über ihren Schwerpunkt Medienrecht geschrieben, danach hat sie von diesen Themen die Finger gelassen, »weil ich Wikipedia als Hobby gesehen habe«.

Beide haben schon immer gern geschrieben, früher für Zeitungen und Fanzines, heute außer im Beruf nur noch für die Wikipedia. Der Reiz bestehe darin, dass ein Artikel, sobald man ihn für »publikationsreif« halte, »potenziell von der ganzen Welt gelesen werden« könne, sagt Poupou. »Ob ihn am Ende wirklich jemand liest, ist fast egal.« Ein Artikel sei für ihn vor allem »der Anlass, etwas zu recherchieren und rauszukriegen«, ergänzt Dirk, der aus »latentem Größenwahn« heraus aber noch einen weiteren Antrieb hat: »Ich will die Menschheit retten.« Er ist davon überzeugt, dass Wikipedia den Menschen mit dem dort abrufbaren Wissen Rüstzeug an die Hand gebe, »ihr Leben besser zu machen, sich aus der selbst verschuldeten Unmündigkeit zu befreien«.

Poupou kann damit nicht viel anfangen: »Ich glaube, da bin ich ein bisschen abgeklärter, was die Fähigkeit der Menschen angeht, sich retten zu lassen.« Dass Wikipedia die Welt verändert hat, glaubt sie allerdings auch. Ihre Motive, mitzumachen, sind jedoch eher unpolitisch. »Die Artikel schreibe ich in erster Linie für mich selbst«, sagt sie. Dirks Sendungsbewusstsein fehlt ihr, dafür empfindet sie oft den Ehrgeiz, »Artikelruinen vor der Löschung zu retten. Und so gelangt man dann zu Themen, mit denen man vorher eigentlich noch nichts zu tun hatte«.

Keramik etwa: Durch Zufall stieß sie auf einen Artikel, »der offenbar von jemandem geschrieben wurde, der viel Ahnung von Keramik hat, aber keine von Wikipedia«. Also besorgte sie sich ein Standardwerk zu keramischen Werkstoffen und Produktionsprozessen und versuchte den Artikel zu pimpen, indem sie Belege einbaute. Damit war es aber noch nicht getan: Angeregt durch die Lektüre des Keramikbuchs überarbeitete sie auch noch die verbesserungswürdige Systematik aller Keramikartikel – »ein Riesenprojekt, das schmort jetzt ein bisschen in meinem privaten Bereich, bis ich das fertig mache und in den eigentlichen Artikel verschiebe«.

Dieser lange Atem imponiert mir, das Festbeißen selbst in Themen, zu denen man kommt wie die Jungfrau zum Kinde. Klar bin auch ich neugierig, sonst wäre ich wohl kaum Journalist geworden, aber meine Neugierde ist ziemlich selektiv. Es gibt Dinge, die interessieren mich einen feuchten Furz, Keramik zum Beispiel. Nie käme ich auf die Idee, mir ein Buch zu besorgen, um meine Freizeit damit zu verbringen, einen Artikel zum Thema zu verbessern. Und ich glaube, so geht es den meisten. Mein Respekt für Poupou und Dirk ist aber gerade deswegen umso größer: Als Nutzer profitiere ich nämlich nur zu gern vom Engagement solcher Überzeugungstäter.

Auch Dirks Sendungsbewusstsein ist mir eher fremd. Was aber komplett irrelevant ist. Er glaubt daran, mit der Wikipedia die Welt besser zu machen, und handelt entsprechend. Um ehrlich zu sein: Ich bin sogar ein bisschen neidisch auf die Unbeirrbarkeit, mit der Poupou und er das Projekt Wikipedia vorantreiben. Ich kenne das Gefühl: Auch überzeugte Christen lösen es in mir aus. Ich bin ein notorischer Zweifler, was darin gipfelt, dass ich natürlich auch daran zweifle, ob mir das guttut. Es ist die Sehnsucht des Postideologen nach einer Parole, hinter die er sich guten Gewissens stellen kann, nach einer geistigen Heimat. Poupou und Dirk haben ihre gefunden.

Mehr Identifikation mit einem Hobby ist kaum möglich. Wie sehr man in einem Hobby aufgeht, aufzugehen bereit ist, ist sicherlich auch Typfrage. Richtig oder falsch gibt es da nicht (also innerhalb des sozialverträglichen Spektrums). Neulingen wie mir macht die Wikipedia den Einstieg nicht gerade leicht. Einen Artikel zu bearbeiten ist zwar auch für nicht-registrierte Nutzer kinderleicht, doch die formalen Vorgaben – die von den meisten der allein für die deutschsprachige Wikipedia etwa 250 gewählten Administratoren sehr ernst genommen werden – sind definitiv ein Hemmnis: Zum Glück schickt Dirk mir ein Beispiel für die korrekte Angabe einer Quelle: »<ref>AUTOR: ›ARTIKEL/BUCH‹, BIBLIOGRAPHISCHE ANGABEN</ref>«. Und für Weblinks: »[http … NAME DES LINKS/ARTIKELS/TEXTES], WEBSITE</ref> (Achtung: zwischen Webadresse und Name des Links ist ein Leerzeichen)</ref>« (gut möglich, dass sich allein beim Kopieren aus seiner Mail in diesen Text schon ein Fehler eingeschlichen hat).

Das ließe sich bestimmt auch einfacher formatieren, aber die Wikipedia will offenbar kein allzu niedrigschwelliges Angebot sein, ein bisschen nerdig bleiben. Wer mitmacht, muss das so dringend wollen, dass er derlei Hürden in Kauf nimmt. Der Förderverein werbe um neue Autoren, sagt Dirk. »Der sieht das eher abstrakt, langfristig, strategisch.« Unter den Wikipedianern jedoch gebe es »viele, die sagen: Wir freuen uns, wenn Neue kommen, können aber auch damit leben, wenn sie es nicht tun.« Er selbst würde sich freuen, »wenn es einfacher wäre, reinzukommen, denn die Wikipedia lebt ja davon, dass möglichst viele verschiedene Leute mit unterschiedlichen Standpunkten aufeinandertreffen.«

Na, jetzt bin ich aber mal gespannt, wie die Wikipedia auf mich und meinen ersten Eintrag reagiert: In einem Interview erzählt der Schauspieler Matthias Brandt, dass er »seit seiner Geburt auf dem linken Auge nur eine Sehkraft von zehn Prozent« hat. Ich ergänze den Artikel über ihn um diese mir zumindest bis dato unbekannte, aber doch nicht ganz unbedeutende Information. Immerhin arbeitet Brandt für die visuellen Medien Film und Fernsehen. Das sieht der Administrator, der meinen Satz löscht, anders: »Die letzte Textänderung von 212.255.224.112 wurde verworfen und die Version 124905888 von Kowa wiederhergestellt. irrelevant«, lautet sein lapidarer, in der »Versionsgeschichte« nachlesbarer Kommentar. Offenbar bin ich an einen Exklusionisten geraten. Ich verstehe ihn nicht. Macht diese Information den Artikel etwa schlechter? Ich könnte jetzt mit ihm die Relevanz meines Satzes ausdiskutieren, dazu habe ich aber keine Lust. Es ist mir einfach nicht wichtig genug, ob das Detail zur Sehkraft nun drinsteht oder nicht. In persönlichen Diskussionen lasse ich so schnell nicht locker, hier, im virtuellen Raum, verspüre ich keinerlei Ehrgeiz, das letzte Wort zu behalten.

Beim zweiten Versuch habe ich mehr Glück. Im Artikel über die Schauspielerin Anna Maria Sturm, bekannt geworden als Brandts Partnerin im Münchner »Polizeiruf 110«, bringe ich eine Information über das jüngste Kinoprojekt Sturms unter.

Wieder nur ein Satz, der die Sichtung allerdings unangetastet passiert. Meine Schlussfolgerung: Relevanz ist relativ in der Wikipedia.

Dabei lasse ich es vorerst bewenden. Nicht ausgeschlossen, dass ich später hier und da mal etwas ergänze oder korrigiere, wenn mir ein Fehler oder eine Ungenauigkeit auffällt, denn das Konzept der Wikipedia, aus Nutzern Mitwirkende zu machen, aus Lesern Autoren, ist genial, hat meine vollste Sympathie. Ich bin regelmäßiger Spender, aber zum Wikipedianer werde ich in diesem Leben nicht mehr. Dafür mangelt es mir schlicht am Drang, mein Häppchenwissen auf diese Weise mit der Welt zu teilen, was sicherlich auch mit meinem Job als Journalist zu tun hat, der mir die Möglichkeit dazu gibt. Zur Krönung steht sogar noch mein Name über den Artikeln. Da kann Wikipedia nicht mithalten, auch wenn Poupou und Dirk mir versichern, dass viele Autoren an der Wikipedia gerade die relative Anonymität schätzen. Poupou: »Ich bin froh, dass mein Chef nicht einfach bei Google meinen Namen eingeben kann und dann gleich sieht, womit ich meine Freizeit verbringe.« Dirk: »Klar bin ich eitel, aber vor allem bezogen auf meine Artikel. Wichtig ist mir, dass die gelesen werden. Ein Freund nannte mich mal Deutschlands mit Abstand meistgelesenen Mathematiker. Wenn ich Artikel über klassische Schulstoffthemen schreibe, weiß ich, dass Millionen von Schülern die lesen werden. Das motiviert mich.«

Bei Poupou und Dirk zu Hause gibt es übrigens weder Sofa noch Fernseher, dafür ein Arrangement verschiedener Tische und Stühle. »Wir verbringen viel gemeinsame Zeit vor dem Rechner, teilweise im selben Raum, teilweise in verschiedenen

Räumen«, sagt Poupou. »Es kommt schon vor, dass ich ihn per Mail frage, ob ich noch einen Tee aufsetzen soll.« Den verständnislosen Partner kennen sie nur aus Erzählungen anderer Wikipedianer. Und trotzdem gehören gewisse Einschränkungen und Kompromisse im Interesse des Ehefriedens dazu. »Wenn ich Single wäre und Rentner«, sagt Dirk, »dann würde ich mich 14 Stunden am Tag mit der Wikipedia beschäftigen.« 14 Stunden Wikipedia – das wäre wohl selbst einer verständnisvollen Partnerin wie Poupou zu viel.

Der Hobbyist rät:

Sie interessieren sich für die Mitarbeit an der Wikipedia? Dann quälen Sie sich nicht durch die Online-Tutorials. In jeder größeren deutschen Stadt gibt es Stammtische, bei denen Sie hilfsbereite Wikipedianer kennenlernen können.

X wie Xbox 360

(hätte auch ... ja, was?? ... werden können)

»Du fehlst mir«, hat Jans Freundin auf den Zettel geschrieben, den sie an die Xbox geklebt hat. Die Spielekonsole ist ihr Nebenbuhler. Mit ihr muss sie Jan teilen. Sie weiß, dass sie immer zwischen ihnen stehen wird. Sie hasst sie dafür.

Jan ist leidenschaftlicher Daddler. Das kann dauern. Wenn er in ein (neues) Spiel versunken ist, sitzt er physisch zwar im Zimmer nebenan, ist mit dem Kopf aber ganz woanders: im Italien der Renaissancezeit, im Wilden Westen, auf einem postapokalyptischen Planeten, manchmal auch nur auf dem Fußballplatz, aber auf jeden Fall unerreichbar weit weg.

Gut zwei Wochen etwa hat er für »Assassin's Creed III« gebraucht, ein sogenanntes Action-Adventure-Game, in dem man »die Welt retten« müsse, »ist doch klar«. Zwei Wochen, in denen seine Freundin ihn wieder nicht viel gesehen hat, zwei Wochen, in denen er in jeder freien Minute vor der Kiste hockte und die Welt rettete. Gedankt hat es Jan niemand – erst recht nicht seine Freundin.

Ich verstehe sie wesentlich besser als ihn. Deshalb bin ich heute hier, um mit Jan ein bisschen zu spielen und mein Unverständnis zu überprüfen. Nachdem meine Game-Gear-Konsole, die ich mit etwa zehn Jahren unbedingt haben musste, schnell uninteressant geworden war, war das Thema für mich durch. Wie viel Zeit Freunde vor ihrer Konsole verzocken, befremdet mich seitdem eher. Ich habe immer lieber ferngesehen. Zu meinem 30. haben Freunde zusammengeschmissen, um mir – ausgerechnet – eine Konsole zu schenken, mit der ich aus Anstand zwei, drei Mal gespielt und die ich, ebenfalls aus Anstand, trotzdem nie verkauft habe. (Klar wollten sie mir damit eine Freude machen, ich habe mich aber schon kurz gefragt, ob sie mich mit irgendwem verwechselt haben.) Indem ich mit Jan spiele, möchte ich auch diesem Geschenk noch eine Chance geben.

Ich darf mir ein Spiel aussuchen. Meine Wahl fällt auf »Red Dead Redemption«. »Ist mit Ballern und Knutschen«, sagt Jan, den man allein für diese Zusammenfassung lieben muss. »Mal gucken, ob wir so weit kommen, dass du knutschen kannst.« Kommen wir nicht. Liegt aber nicht an mir. Die Spielehülle ist leer. Jan hat die DVD verliehen. Geht ja gut los.

Dann eben »Assassin's Creed III«. Wie gesagt: Welt retten lautet die Mission, so viel habe ich verstanden. Ansonsten ist mir die Geschichte viel zu kompliziert: Templer kämpfen gegen Assassinen um irgendwelche Artefakte, sogenannte Edensplitter. Ich heiße Desmond Miles und reise im Auftrag der Assassinen durch die Zeit. Was ich da will und was das alles überhaupt soll, verstehe ich nicht so recht. »Es wird nicht alles sofort erklärt«, sagt Jan. Für diese Spiele sei es typisch, dass man »spielend spielen lernt«.

Ich komme mir unglaublich dumm vor, weil Desmond Miles meinen Anweisungen einfach nicht gehorchen will, er fällt von Hindernissen runter oder kommt gar nicht erst hinauf. Der

Controller hat gefühlte 43 Knöpfe. Ich drücke immer die falschen. Fortschritte mache ich kaum. So wird das nichts mit der Weltrettung. Mir könnte nichts egaler sein.

Stolz bin ich darauf nicht gerade. Da ist es wieder, das alte Muster: Wenn mir etwas nicht gleich gelingt, mich nicht auf Anhieb packt, schalte ich ab. Ehrgeizig bin ich nur bei Dingen, die ich kann oder die ich unbedingt können möchte. Xbox spielen gehört ganz offensichtlich nicht dazu.

Jan aber gibt so schnell nicht auf. Nachdem er mir noch ein paar Minuten vorgeführt hat, was er mit Desmond Miles alles anzustellen vermag – »Du kannst überall auf alles klettern, das ist das Tolle an solchen Open-World-Spielen« –, versucht er mich für ein Ballerspiel zu begeistern: »Borderlands 2«. »Im Prinzip basiert dieses Spiel auf Jagen und Sammeln«, fasst Jan zusammen. Wie bei den Neandertalern, denke ich. Sage aber: »Alles klar.« »Dem Lockruf von Gefahr und Beute ist nicht leicht zu widerstehen«, flötet eine schöne, animierte Comicfrau im Intro und spricht von einem Helden, der – wenn ich mich nicht total irre – auch wieder irgendwelche Schurken besiegen soll: »Ich weiß, dass du dieser Held bist.« Aber die Tante kennt mich doch gar nicht!

Ich fühle mich kein Stück geehrt. Eher genervt von diesem erschreckend unironischen Testosteron-Overkill. Ja hier, im virtuellen Reservat dieses Computerspiels, können Männer noch harte Kerle sein, verwegene Abenteurer, brillante Schützen, Zierden ihres Geschlechts, die auf dem Schlachtfeld ihren Mann stehen. Sorry, aber das ist nicht meine Welt. Schlimm genug, dass es offenbar die Sehnsuchtssphäre vieler anderer ist.

»Borderlands 2« sieht dank einer Technik namens Cel Shading (ein Hoch auf die Wikipedia!) aus wie ein animierter Comic. Überhaupt sind die Spiele, die Jan mir zeigt, visuell sehr ausgereift, überhaupt kein Vergleich zur Pixelgrafik meines Game Gears. Aber sie sind eben doch immer noch klar als Computerspiele erkennbar. So ist auch im (visuell!) ungleich realistischer anmutenden »Assassin's Creed III« die Illusion, es wirklich mit Menschen aus Fleisch und Blut zu tun zu haben, noch nicht perfekt. Um mich mit den Figuren wie in Kino oder Fernsehen identifizieren zu können, fehlen die letzten paar Meter.

Ich gucke aufs Geschehen, bin nicht Teil davon, obwohl ich darauf Einfluss nehme. Zwischen mir und dem Spiel bleibt eine gläserne Wand. »Du brauchst immer ein paar Stunden, um reinzukommen«, sagt Jan. Ich glaube nicht daran, dass es bei mir funktioniert. Nicht in 100 Stunden. Computerspiele sind einfach nicht meine Droge. Komisch eigentlich, funktionieren Fernsehserien, die ich liebe und »fresse«, doch ganz ähnlich. Auch hier ist man anfangs ja oft von der Komplexität erschlagen, findet sich nicht sofort zurecht, braucht einen langen Atem, wird dafür, wenn der erste Nebel sich einmal gelichtet hat, aber mit tollkühnen Handlungsbögen und Wendungen belohnt.

Einen letzten Trumpf hat Jan aber noch im Ärmel: ein Fußballspiel. »Das ist das Simpelste, was ich habe«, sagt er. Simpel?! Erst mal gibt es unüberschaubar viele Einstellungsmöglichkeiten – welche Mannschaft, welche Aufstellung, welches Spielniveau, welche Spiellänge – und dann bekomme ich es natürlich wieder mit dem Controller zu tun, der in meinen Händen gar nichts kontrolliert. Zwar gelingen mir ein, zwei Zufallstreffer, aber im Griff habe ich meine Mannschaft nicht. Zum Glück dauern 90 Minuten hier dank Zeitraffer nur fünf Minuten. Der Abpfiff ist eine Erlösung. Wie jeder Fußballer nach einer herben Niederlage will ich einfach nur noch nach Hause.

Ich hätte wirklich lieber gewonnen und meine Vorurteile vom Platz gefegt, sie nur bestätigt zu bekommen ist ja öde. Aber dass ich doch noch zum Videospielefan werde, ist wohl in etwa so wahrscheinlich, wie dass ich in meinem Alter noch zu rauchen anfange – ich sage nicht: ausgeschlossen, aber unwahrscheinlich, das auf jeden Fall. Doch was soll's: Mir fehlt ja nichts. Ich gucke einfach weiter Serien und tauche da in Welten ein, die ich im wahren Leben nie betreten werde.

Und meine eigene Konsole? Die steht weiter beinahe unbenutzt in einer Ecke meiner Wohnung rum und setzt Staub an. Jemand Interesse?

Der Hobbyist rät:

Wie wäre es zur Abwechslung mit einer Partie »Mensch ärgere dich nicht«?

Y wie Youngtimer

(hätte auch Yoga werden können)

Mein erstes Auto war ein weinroter Opel Kadett E 1.4i mit Vierganggetriebe und 60 PS, Baujahr 1990. Nicht gerade eine Schönheit, aber mein Eigentum! 1800 Mark habe ich im Sommer 2000 dafür bezahlt. Der Kaufvertrag war eine Art Unabhängigkeitserklärung. Bis nach Budapest bin ich mit ihm gefahren – ganz gemütlich auf der rechten Spur. Da war er schon lädiert, das Zündschloss kaputt. Starten konnte man ihn nur noch, indem man ihn kurzschloss. Mit Glück blieb er an. Die Aussetzer waren ein anderes Problem, das nie richtig behoben wurde. Als ich den Kadett nach knapp fünf Jahren verschrotten musste, brach es mir das Herz. Auf dem Hof des Autoverwerters nahm ich den Wackeldackel von der Hutablage und tätschelte den Wagen zum ersten und letzten Mal.

Aller Nostalgie zum Trotz ist aber eins ganz klar: Wenn ich mir ein anderes Auto hätte leisten können, hätte ich mir ein anderes Auto gekauft. Das unterscheidet mich von Nils und Pascal. »Wir würden auch Ford Escort fahren, wenn wir Millionäre wären«, sagen sie. Mit einem Unterschied: »Dann würden wir uns eine ganze Halle damit vollstellen.« Pascals Mutter würde ihren Sohn dann wohl endgültig für durchgeknallt halten: Warum er vier Autos habe, wenn er doch immer nur eines fahren könne, habe sie ihn gefragt. »Und aus ihrer Perspektive hat sie ja völlig recht«, sagt Pascal. »Nüchtern betrachtet ist es Wahnsinn.« Nur was kann Rationalität schon gegen Leidenschaft ausrichten?

Mangels Halle treffen wir uns vor der Garage von Nils' Elternhaus in unserer Heimatstadt Mettmann, in der ihr »Joint-Venture-Projekt« steht, ein 1984er Escort 1.1 Sondermodell »Laser«, den sie im Internet gekauft haben. Youngtimer heißen solche älteren Liebhaberfahrzeuge, die aber noch keine Oldtimer sind. Nils ist mein ältester Freund, Pascal wiederum einer seiner engsten Kumpels. »Schrauberpunk« nennt der ausgebildete Kfz-Mechaniker das Arbeiten unter diesen erschwerten Bedingungen, »keine Hebebühne, keine Grube, rechts und links kein Platz«. Aber egal: Youngtimer-Liebhaber kennen keine Probleme, nur Herausforderungen. Improvisation ist alles.

Irgendein Dach überm Kopf ist aber extrem wichtig, »damit einem die Kiste nicht unter dem Arsch wegrostet«, sagt Nils. Eine »ganze Hohlraumschutzindustrie« – ein neues Wort für mich – biete zudem Mittelchen gegen Korrosion an, mit der auch der Laie sein Fahrzeug weitgehend wetterfest machen könne. Obwohl er drei Escorts besitzt (den besichtigten mitgerechnet), verhält sich Nils selbst wie ein Anfänger, lässt bei Reparaturen Pascal den Vortritt und befolgt dessen Instruktionen: »Ich sage immer im Scherz: Nils ist im elften Lehrjahr.« Er habe eben Angst zu versagen, erwidert dieser.

Bei einer Party wurde Nils auf Pascals roten Escort aufmerksam und war spontan angetan. Als der ihm dann erzählte, wie günstig der Wagen im Unterhalt ist, war seine Neugierde endgültig geweckt. »Ich hatte damals ein modernes Auto, das ständig in die Werkstatt musste«, erinnert Nils sich, »und der repariert seinen Escort für nen Zehner?!«

Seinen ersten Escort hat er dann für 120 Euro bei eBay ersteigert, ein Spottpreis, der zum einen der mageren Ausstattungslinie des Wagens, Baujahr 1983 und damit nur zwei Jahre jünger als Nils selbst, geschuldet war, aber vor allem dem Spießerimage des Escorts. »Diese Baureihe hat auch unter Ford-Enthusiasten keine Lobby«, sagt Pascal. Der damals noch recht neue Frontantrieb störe viele. Die beiden hingegen stört das nicht, ganz im Gegenteil: »Uns verbindet eine Freude am Ausgestoßenen, am schwarzen Schaf«, sagt Nils. Pascal fährt auch einen Ford Capri. Auf den werde er andauernd angesprochen, auf den Escort nie.

»Aus Respekt vor dem Objekt, das ja immerhin schon 30 Jahre überstanden hat« fühlen sie sich verpflichtet, die Originaloptik zu erhalten. »Moderne oder modernere Technik ist aber okay«, sagt Pascal, der sich als »Zukunftsmusik« sogar einen Elektromotor vorstellen kann. In den Escort aus der Garage von Nils' Eltern haben sie einen acht Jahre jüngeren Motor mit fast doppelt so hoher Leistung eingebaut.

Fast sämtliche Komponenten für das nun doch schon zwei Jahre währende Umbauprojekt – Nils wohnt in Leipzig, verbringt aber wegen der Autos die meisten Urlaube in Mettmann – haben die Freunde bei eBay ersteigert, vieles davon wegen der geringen Nachfrage zum vom Verkäufer veranschlagten Startpreis. »Dieses Hobby lebt davon, dass man dafür nur wenig Geld braucht«, sagt Nils, anders als es etwa bei Oldtimer-

Liebhabern der Fall ist. Stundenlang fahnden sie bei eBay nach Ersatzteilen, »die man akut gar nicht unbedingt brauht, aber eben mal brauchen könnte«. So haben sich die Freunde über die Jahre einen »veritablen Fundus« aufgebaut.

Die vergleichsweise niedrigen Kosten sind aber nur der eine, profane Grund für die wachsende Youngtimer-Begeisterung in Deutschland. Der andere ist ein emotionaler: »Ein von Nostalgie getriebenes Lebensgefühl« nennt es Pascal. »Es gibt für mich nichts Schöneres, als in diesen Autos mit Musik aus der Zeit, als sie neu waren, durch die Gegend zu fahren.« (Später, als wir mit Pascals Capri – der Escort ist nicht fahrtüchtig – eine Runde durch den Ort drehen, wird Nils ihn damit necken, dass er ja »richtig moderne Musik« höre, »Everlong« von den Foo Fighters, aus dem Jahr 1998.

Ich sitze auf der Rückbank und – empfinde wenig. Nostalgisch macht mich eher das Städtchen, das am Fenster vorbeizieht, als das Auto, in dem ich sitze. Aber wir hatten zu Hause auch nie einen Capri).

Sowohl Pascal als auch Nils sind familiär vorbelastet: Nils' Eltern etwa kamen mit einem Ford Sierra Baujahr 1987 auf den Geschmack und sind der Marke bis heute treu geblieben. »Viele holen sich das Auto ihrer Kindheit«, sagt Pascal, »oder das, wovon sie geträumt haben.« Auch er kann sich noch genau daran erinnern, wann die Marke in sein Leben trat, 1983 nämlich, als sein Onkel sich den ersten Escort zulegte. »Das hat dazu geführt, dass ich seit dem 18. Geburtstag diese Baureihe fahre.« Der Capri wiederum ist Pascals Traumauto. Leisten konnte er ihn sich nur, weil seiner dreifarbig war, als er ihn kaufte. Pascal hat ihn mit roter Folie beklebt. Wie gesagt: Improvisation ist alles.

Ich muss an einen Freund denken, der bis ins Studium hinein zum Einschlafen immer »Die drei Fragezeichen« hörte, jeden Abend aufs Neue, über den Laptop und nicht mehr auf Kassette wie als Kind, aber wohl immer noch aus dem gleichen Grund: wegen der Geborgenheit, die sie ihm gaben, die immer gleichen, wiederkehrenden Geschichten um das junge Privatdetektivtrio im fiktiven kalifornischen Küstenort Rocky Beach, die er längst mitsprechen konnte – zumindest die Anfänge.

Wenn die Sprecher von Justus Jonas, Bob Andrews und Peter Shaw, mittlerweile alle an die 50, mit ihren Live-Hörspielen auf Tour gehen, sind die Hallen, darunter auch richtige Arenen, ausverkauft. Heute Erwachsene, die teilweise längst Kinder haben, hängen an den Lippen von Oliver Rohrbeck, Andreas Fröhlich und Jens Wawrczeck und damit der eigenen Jugend nach – einer Zeit, in der Kohl noch Kanzler war, Twix noch Raider hieß und ihre Welt auch sonst noch ziemlich in Ordnung war, zumindest aber übersichtlich.

Youngtimer sind für mich ein »Drei Fragezeichen«-Hobby – Nils und Pascal widersprechen dem nicht –, genau wie die Tatsache, dass plötzlich alle mit 70er- und 80er-Jahre-Rennrädern durch deutsche Großstädte fahren. Der ganze Vintage-Trend, der sich bei vielen bis in die Wohnungseinrichtung fortsetzt, ist wohl Ausdruck eines latenten Unbehagens mit den Zumutungen der Gegenwart. Einerseits geht nichts mehr ohne das neueste iPhone – das wird dann aber in eine Schutzhülle im Musikkassettendesign gesteckt. Das Analoge ist der Fetisch einer durchdigitalisierten Generation, eine emotionale Wärmestube, ein ähnliches Phänomen wie der von der Globalisierung beförderte Trend zum Haus- und Handgemachten.

Nils und Pascal steigen heute zwar vorne in ihre Escorts ein, beamen sich damit aber auf die Rückbank, in die eigene Kindheit. All diese Rückgriffe halte ich nicht für retardiert, sondern für das Symptom einer Überforderung oder zumindest Übersättigung. Das Hobby lenkt ab von den Unsicherheiten des eigenen Lebens – Pascal war arbeitslos, Nils hangelt sich von Zeitvertrag zu Zeitvertrag –, bietet eine Zuflucht, die andere im Sonntagsgottesdienst finden oder in Romanen. Ihr Schrauben und Werkeln dient wie jedes Hobby auch dem Abtauchen aus der Realität.

Aber es hat auch eine nüchterne, geradezu politische Komponente: Ihr Hobby ist ein Statement gegen die Wegwerfgesellschaft und damit den Repair-Cafés geistesverwandt, in denen heimwerkerisch begabte Enthusiasten versuchen, den kaputten Toaster vor dem Müll zu retten – oder besser: den Müll vor einem weiteren kaputten Toaster. Wiederverwertung ist für Nils und Pascal selbstverständlich, schon weil sie manchmal alternativlos ist. Zwar bekomme man vereinzelt noch fabrikneue Ersatzteile oder originalverpackte Lagerfundstücke, im Szeneslang »New Old Stock« genannt, aber oft führe am Ausschlachten eines Schrottfahrzeugs kein Weg vorbei. »Für die Ökonomie ist das schlecht, für die Ökologie gut«, fasst Nils zusammen.

In einer Ausgabe der mir bis dato unbekannten Zeitschrift *Auto Bild Klassik*, die ich mir nach dem Treffen kaufe, wirbt Volkswagen mit dem Bild eines Passats aus den Achtzigern und dem Spruch »Gestern war er von morgen, heute kümmern wir uns um ihn«. Am Ende des Werbetextes darunter findet sich die Internetadresse der Ersatzteiltochter für Old- und Youngtimer, ein längst nicht selbstverständlicher Service. »Es gibt zwei Gruppen von Herstellern: Die einen interessiert ihre Tradition, die anderen interessiert sie nicht«, sagt Pascal. »Ford interessiert sie nicht.«

Die Ignoranz gegenüber der Markengeschichte – nicht nur der Hersteller, auch vieler Sammler – ärgert Nils und Pascal. Sie widerspricht der Bewusstheit und Reflektiertheit, mit der die beiden ihr Hobby betreiben. »Wir unterhalten uns oft darüber, dass andere sich nur über Ersatzteile austauschen und nicht über die emotionale Komponente«, sagt Nils. »Wir sind da anders gestrickt.« Das Interesse an der Metaebene eint sie, genau wie ihre Ablehnung der »Dschihadisten der Autoszene«. Gemeint sind Menschen, die nur einen einzigen Hersteller, wenn nicht gar nur eine einzige Baureihe gelten lassen. Auch wenn zumindest Pascal nichts anderes fahren würde als einen Ford – »Prinzipiell sind wir markenoffen, finden auch andere Autos schön«, sagt Nils.

Sein bisheriges Winterauto, einen alten Micra, will Nils trotzdem bald gegen ein Fahrzeug mit mehr Ausstrahlung eintauschen. Ein neuer Nissan wird es wohl eher nicht.

Der Kadett ist übrigens mein bis heute einziges Auto geblieben. Ich habe immer in Städten gelebt und brauchte daher keins. Hin und wieder liebäugele ich trotzdem mit der Anschaffung, schrecke aber immer wieder vor der Investition und den Folgekosten zurück – zumal ich nicht genau weiß, wie viel ich es tatsächlich bewegen würde. Der Kadett stand ganz schön viel rum. Und nicht zuletzt habe ich einfach viel weniger Ahnung von Autos als Nils und Pascal, um nicht zu sagen: überhaupt keine. Und auch wenig Interesse daran, das nötige Know-how zu entwickeln. Da fahre ich wohl besser weiter Bus und leihe mir bei Bedarf einen Wagen aus.

Der Hobbyist rät:

Schauen Sie mal auf www.petrolicious.com, »eine hübsche, aber auf Quality getrimmte Website«, wie Nils sagt. Speziell für Escorts fällt dem Experten keine Fanpage ein. Das sei »schon auch Teil des Außenseitertums, dass es keine groß organisierte Szene im Web gibt«.

Z wie Zumba

(hätte auch Zaubern werden können)

Eine kluge Freundin hat mal gesagt, dass die meisten Frauen nur Hobbys haben, um Männern zu gefallen: Shoppen, Fitnessstudio, Salsakurs. Auch Wellnesskram, den Frauen vermeintlich für sich selbst tun, weil sie sich mal was gönnen wollen, täten sie letztlich vor allem für ihre (potenziellen) Sexualpartner.

Wirklich? Richtig überzeugt war ich nicht. So einfach sollen Frauen gestrickt sein?!

Es tut mir leid (um mein Weltbild). Ich habe mich getäuscht. Ich war beim Zumba.

Bevor ich das Studio im Dachgeschoss eines Kreuzberger Hinterhofs überhaupt betreten habe, höre ich sie schon gackern. Ich dachte, ich gehe zum Sport, und lande auf einer Art Kaffeeklatsch. Eine Hand voll Damen zwischen 20 und 40 lümmelt in Trainingsdress im Eingangsbereich herum und hat die erste Flasche Prosecco scheinbar längst geköpft. Wir kennen uns nicht, aber sie reden über Problemzonen, als kennten wir uns schon ewig. Oder als wäre ich gar nicht da. »Bei mir gibt es Stellen, die werden einfach nicht dünner«, sagt eine und deutet auf ihre Oberschenkel-Po-Region. »Damit habe ich mich abgefunden.«

Floris Freundin Wibke ist mit mir da. Ich fühle mich wie ein Eindringling, aber zum Glück bin ich mit diesem Gefühl nicht allein. Ansonsten hätte ich wohl gleich auf dem Absatz kehrtgemacht. Ich habe mich so lange vor diesem Termin gedrückt, dass mir der geringste Vorwand recht wäre, mich wieder zu verdrücken. Aber in Begleitung von Wibke will ich mir keine Blöße geben. Augen zu und durch! Ich bin eben auch nur ein Mann, der einer Frau gefallen will.

Natürlich werden wir sofort gefragt, ob wir zum ersten Mal da sind, womöglich gar zum allerersten Mal Zumba machen. Zweimal Ja. Wir ernten mitleidige Blicke. »Versucht einfach, die Spur zu halten«, sagt die Trainerin. »Die ersten Male ist das alles noch sehr gewöhnungsbedürftig.« Es ist die Frau mit der selbst empfundenen Oberschenkel-Po-Problemzone.

Unten an der Fassade hängt ein Zumba-Werbeplakat mit dem verführerischen Slogan »Party Yourself Into Shape«. Und hier oben kriegt selbst die Trainerin ihre Problemzonen nicht in den Griff! Die Werbung verbreitet also ganz offensichtlich dreiste Lügen. Eigentlich ein guter Grund, um gleich wieder abzuhauen, aber erstens haben wir die sechs Euro für die Probestunde schon bezahlt und außerdem brauche ich noch ein Hobby mit Z – am besten eins, bei dem ich mich noch mal richtig zum Horst mache.

Ich stelle mich also in die letzte Reihe und gebe mein Bestes, die Schritte und Bewegungen der Trainerin nachzutanzen, die Aerobic- und überwiegend lateinamerikanische Tanzelemente verbinden. Die Musik würde ich privat nicht eine Minute hören. Ich kenne kaum einen Titel. Aber sie erfüllt ihren Zweck: Alle hopsen nach dem Vorbild der Trainerin durch die Gegend, machen theatralische Armbewegungen und viel zu komplizierte

Schrittfolgen. Ich komme mir vor wie DJ Bobos motorisch gestörter Bruder. Erklärt wird fast nichts. Dabei ist das hier laut Plan ein Basics-Kurs.

In meinem verzweifelten Versuch, die Spur zu halten, komme ich nicht umhin, das angeblich unförmige Hinterteil der Trainerin in Augenschein zu nehmen. Ich weiß nicht, was sie hat. Ja, die Oberschenkel mögen recht massiv sein (alles Muskeln!), aber ihre rückwärtige Rundung ist schön anzusehen. Es gibt Frauen, die würden für so einen Arsch morden. Aber als Fitnesstrainerin muss man wohl berufsbedingt besonders streng mit seinem Körper sein.

Zwischendurch müssen wir uns auf Kommando immer wieder um die eigene Achse drehen. Das mag ich am wenigsten, stehe ich doch für einen Moment plötzlich in der ersten Reihe und alle sehen mich, zumindest meine zunehmend schweißnasse Rückseite. Ich bereue es, kein Duschzeug mitgenommen zu haben. Ich habe Zumba unterschätzt. »Das Schöne am Zumba ist nicht nur die Musik«, wird eine der Trainerinnen auf der Website zitiert, »sondern dass es wirklich kein Richtig oder Falsch gibt.« Und ich habe ihr geglaubt. Jetzt stehe ich hier und hampele unkoordiniert vor mich hin, während gefühlte 90 Prozent der Kursteilnehmerinnen so perfekt tanzen, dass sie morgen hier zu unterrichten anfangen könnten.

Auch Wibke schlägt sich wesentlich besser als ich, hat viel weniger Probleme damit, nachzutanzen, was die Trainerin vormacht. Wobei ich nicht sagen will, dass es überhaupt keinen Spaß macht oder besser: Spaß machen könnte. Wenn nur dieser Typ im Spiegel nicht die ganze Zeit so eckig und frei von Rhythmusgefühl vor meinen Augen rumhopsen würde! Der zieht meinen Blick auf sich wie ein Verkehrsunfall. So kann sich nun wirklich kein Mensch gehen lassen und dabei noch Spaß haben, wie die Trainerin auf der Website empfiehlt. (Natürlich spielt es auch eine Rolle, dass ich mich als Neuling irgendwie beobachtet fühle – auch wenn das wohl eine eher subjektive Empfindung ist, alle ziemlich mit sich selbst beschäftigt sind.)

Pausen mag die Trainerin überhaupt nicht. Die Playlist läuft erbarmungslos durch. Nach jedem zweiten, dritten Song muss ich trotzdem einen Schluck Wasser trinken oder mir den Schweiß aus dem Gesicht wischen. Die Trainerin hat dann natürlich längst weitergemacht, sie ist unerbittlich. Mehr schlecht als recht versuche ich jedes Mal aufs Neue, die Bewegungsabläufe zu erfassen und nachzutanzen. Als wir nach einer guten halben Stunde einmal gemeinsam pausieren, kann die Trainerin es gar nicht erwarten, endlich weiterzumachen. »Ready?«, fragt sie und kündigt an: »Ich ziehe jetzt durch.« Das meint sie – selbstverständlich – ernst. Die Frau ist eine Zumba-Maschine und ich bin hier so was wie Sand im Getriebe. Wobei ich die ganze Stunde über niemandem auf die Füße trete, niemanden anrempele, immerhin.

Das Schlimmste wären in dieser Situation gut gemeinte Kommentare oder aufmunternde Blicke. Ich bin froh, dass man mich in Ruhe schwitzen lässt. Aber ich kann nicht verhehlen, dass ich die Minuten zähle (auch wenn ich gar keine Uhr trage). Ich fiebere dem Ende der Stunde entgegen wie früher in den Sommerferien der Ankunft im Urlaubsort: Wann sind wir endlich da?

Irgendwann ist es dann so weit. Ich bin pitschnass. Und happy, durchgehalten zu haben. Wibke könnte sich vorstellen, noch mal Zumba zu machen, vielleicht aber in einem anderen Studio. Dieses gefiel ihr nicht so. Für mich stellt sich diese Frage nicht. Auch wenn man mir versichert, dass ich nicht der einzige Mann in den Kursen sei, es sogar einen männlichen Trainer gebe, gehöre ich nicht hierher. Ich tanze gern – aber frei Schnauze. Das Auswendiglernen von Choreografien mag ich nicht. Aus einem einfachen Grund: Ich kann es nicht gut. Dafür bin ich zu sehr Grobmotoriker.

Nach dem Training sind wir noch auf ein Freigetränk an der Bar eingeladen. Ich trinke Apfelschorle und wohne der Fortsetzung des Kaffeeklatsches bei, ohne wirklich hinzuhören. Dafür bin ich zu fertig. Ich konzentriere mich völlig auf meine Apfelschorle. »Ich hoffe, ich war nicht zu abschreckend«, sagt die Trainerin zum Abschied. Weil mir keine bessere Antwort einfällt, sage ich: »Nein.« Das ist zwar höflich, ehrlich ist es nicht. Für Ehrlichkeit fehlt mir die Kraft.

Der Hobbyist rät:

Machen Sie auf dem Absatz kehrt, wenn Sie bei Ihrer Zumba-Premiere ein bekanntes Gesicht im Kurs entdecken. Am schlimmsten sind Kollegen oder – erst recht – Vorgesetzte. Es gibt Situationen, die unbedingt nach Diskretion verlangen. Diese ist eine davon.

Nachwort:

Bis hierher – und weiter!

So, das wäre geschafft. Die Reise ist vorbei. Mehr Buchstaben hat das Alphabet nicht: 26 Ausflüge in ganz unterschiedliche Hobbywelten liegen hinter mir. Puh, ich bin durch. Und wahnsinnig erleichtert.

Geschafft? Vorbei? Das ist natürlich nur die eine Seite. Denn andererseits geht's jetzt erst richtig los – für Sie natürlich, ja, genau Sie, aber nicht zuletzt auch für mich.

Für Sie, weil Sie jetzt dran sind, sich – sofern Sie dieses Buch nicht aus Versehen gelesen haben – ein Hobby zu suchen, meine Reise zu Ihrer zu machen. Fassen wir noch mal kurz zusammen, was dabei meiner Erfahrung nach wichtig ist: Werden Sie sich über Ihre Bedürfnisse klar und suchen Sie ganz bewusst nach einem Hobby, das diesen Bedürfnissen entgegenkommt. Geben Sie ihnen nach, ohne sich selbst zu zensieren. Denn nicht vergessen: Sie haben das Hobby für sich und für niemanden sonst. Weil es Ihnen Spaß macht. Sie entspannt. Ihren Alltag bereichert. Allein darauf kommt es an. Und wenn Sie der einzige Mensch weit und breit sind, der sich nichts Schöneres vorstellen kann, als David-Hasselhoff-Songs zu covern, dann seien Sie eben der einzige Mensch weit und breit, der sich nichts Schöneres vorstellen kann, als David-Hasselhoff-Songs zu covern.

Leuten, die Sie belächeln, die sich vielleicht sogar über Ihr komisches Hobby das Maul zerreißen und damit ihren Neid nur notdürftig ummänteln, sind Sie einen entscheidenden Schritt voraus: Sie pfeifen auf die Vorurteile anderer (die ja vor allem deren Problem sind) und leben Ihre Individualität. Dazu gratuliere ich Ihnen jetzt einfach schon mal.

Lassen Sie sich auf der Suche ruhig Zeit. Sie sind nicht auf der Flucht. Probieren Sie Dinge aus und verwerfen Sie Dinge. Folgen Sie Ihrem Instinkt. Was auch immer Sie tun, tun Sie es bewusst und nicht nebenbei. Haken Sie nicht ab, sondern lassen Sie sich treiben und fallen. Hier müssen Sie nicht liefern, ganz im Gegenteil, wenn Sie ein passendes Hobby gefunden haben, werden Sie beliefert: mit intensiven, euphorisierenden Momenten, die die Strapazen des (Arbeits-)Alltags vergessen machen und von denen Sie später, wenn Sie wieder mittendrinstecken, zehren können.

Und für mich geht's jetzt erst richtig los, weil ich mich davor hüten muss, in den alten Trott zu verfallen. Die Arbeit an diesem Buch war eine sehr intensive Zeit, aber natürlich in dieser Konzentration auf ein Thema ein völliger Ausnahmezustand. Bis zur Rente werde ich wohl nie wieder so ausgiebig Gelegenheit haben, mich mit meiner Freizeit auseinanderzusetzen. Nun liegt es an mir, etwas daraus zu machen, den inneren Schweinehund an die ganz kurze Leine zu nehmen und das Hobby in meinen bislang ziemlich hobbyfreien Alltag zu integrieren.

Welche Hobbys infrage kommen, hat sich während der Suche schon abgezeichnet: Ich habe mir fest vorgenommen, dem

Berlin Pop Choir beizutreten (wenn die mich haben wollen), auch auf dem Tennisplatz wird man mich künftig hoffentlich häufiger antreffen, und auch auf ein paar Sommerabende auf dem Bouleplatz freue ich mich. Darüber hinaus steht der Plan, mit Sigrid in ihrem Seniorenstift ein Fläschchen Wein zu leeren (Kaffee wäre auch okay). Drücken Sie mir die Daumen, dass diese guten Vorsätze länger halten als die meisten aus der Silvesternacht. (Dass ich in der Zwischenzeit nicht mehr in Berlin wohne, sondern in München, verkompliziert die Dinge zwar, soll aber – so mein fester Vorsatz – nicht zur Ausrede werden, die Sache mit dem Hobby wieder schleifen zu lassen).

Es ist für mich keine große Überraschung, dass es soziale Hobbys sind, die eine große Anziehungskraft auf mich ausüben. Ich brauche Menschen um mich, meistens zumindest, brauche die Interaktion, um Spaß an einer Sache zu haben. Zum einsamen Frickler tauge ich nicht. (Gerade daraus erwächst die sicherlich an der einen oder anderen Stelle sichtbar gewordene Faszination für Menschen, die sich selbst genug sind – auch und gerade beim Hobby.)

Mit am wohlsten gefühlt habe ich mich bei alten Bekannten, Wiederentdeckungen, Hobbys, die ich nach vielen Jahren für dieses Buch wieder ausprobiert habe, wie das Singen im Chor oder Tennis. Da spürte ich gleich eine gewisse Vertrautheit, einen wohligen Kitzel. Das war schön, wie es ja immer schön ist, wenn man jemanden aus den Augen verliert, sich später wiedertrifft und feststellt, dass man sich noch was zu sagen hat. Man muss also auf der Suche nach einem Hobby nicht unbedingt in die Ferne schweifen, sondern kann sich auch einfach fragen: Was habe ich früher gemacht und gemocht und was könnte mir deswegen jetzt auch wieder gefallen?

Dieser Blick zurück ist sicherlich typisch für einen Lebensabschnitt, in der nach einer Phase der Beschleunigung (Abi, Studium, erster Job, eventuell Familiengründung) das Bedürfnis wächst, erste Korrekturen am eigenen Kurs vorzunehmen, Defizite zu erkennen und sie auszugleichen (zu versuchen). Sich zu fragen, wie und womit man gern mehr seiner zunehmend kostbaren Freizeit verbringen möchte, kann allerdings in keiner Lebensphase verkehrt sein. Insofern wäre es schade, wenn dieses Buch auf die Nabelschau einer Generation reduziert würde. Das wäre ein bedauerliches Missverständnis.

Sowohl beim Ausprobieren als auch beim Schreiben habe ich die mitunter auch unangenehme Erfahrung gemacht, dass man sich selbst nicht entkommt. Weder konnte ich plötzlich so schreiben wie die ganz Großen (was auf der langen Strecke mehr auffällt als bei Zeitungsartikeln) noch war ich auf meiner Suche immer so offen, wie ich es grundsätzlich gern wäre. So sehr ich es eigentlich hasse, wenn andere so generalisierend über sich selbst sprechen (ist auch gleich vorbei): Ich bin ein Mensch mit recht dezidierten und gefestigten Meinungen zu vielem und vielen. (Es mag auch das eine oder andere Vorurteil darunter sein.) Damit fahre ich eigentlich ziemlich gut, schieße aber manchmal übers Ziel hinaus. Dann bin ich der Stoffel, der ich eigentlich nie sein wollte. Erschwerend hinzu kommt, dass ich auch mit viel gutem Willen in einigen Bereichen sagenhaft talentfrei bin. Dadurch entsteht die beschriebene Wechselwirkung: dass ich an Dingen, die mich nicht spontan ansprechen und/oder die mir nicht auf Anhieb gelingen, in der Regel recht schnell das Interesse verliere.

Allerdings sollte dieses Buch auch nie ein nüchtern-sachlicher Ratgeber sein. Die vorgestellten Hobbys sollten sich in meinem Temperament spiegeln. Mein subjektiver Blick ist die Einladung an Sie, es mir gleichzutun, mit der eigenen Persönlichkeit im Gepäck auf die Suche zu gehen und dabei – wie es mir hoffentlich einigermaßen gelungen ist – die Suche nicht als Last, sondern als Lust zu begreifen .

Mein Dank gilt all den freundlichen und offenen (!) Menschen, die mich auf meiner Suche unterstützt haben, indem sie mich mit ihren Hobbys bekannt gemacht haben. Ohne sie – und das ist ausnahmsweise mal keine Floskel – gäbe es dieses Buch nicht. Und wenn es dieses Buch nicht gäbe, hätte ich sie immer noch, die diffuse Sehnsucht nach einem Hobby, ihr aber sicherlich nie in dieser Form nachgegeben. Der Buchauftrag hat mich überhaupt erst motiviert, loszuziehen, den Hintern hochzukriegen, wie ich schon im Vorwort geschrieben habe.

Auch meine Familie und meine Freunde haben mich sehr unterstützt. Allen voran möchte ich Wibke, Flori und Stephan danken, die heldenhaft verhindert haben, dass ich beim Schreiben in der Uckermark vereinsame und verhungere. Und Harald Martenstein dafür, dass er mir Unterschlupf gewährt hat.

Zum Schluss möchte ich noch mal an Miriam Garten erinnern, deren Mietbeet am Rhein am Anfang meiner Suche stand und die so beherzt und klug über ihr Hobby Auskunft gegeben hat. »Rund um die Uhr Anwältin zu sein und kein Mensch mehr drumherum, wäre für mich die Hölle«, sagte sie.

Aus dieser Hölle will dieses Buch ein Ausweg sein. Oder am besten natürlich dafür sorgen, dass es gar nicht erst so weit kommt.

Viel Spaß dabei und alles Gute für die Suche nach Ihrem Baby wünscht

David Denk